少儿成语大观

史丽秋 编著

金盾出版社

内容提要

本书选取了小学教材和课外读物中常用的成语近千条，每条成语有简明的释义和示范的造句，根据需要还有提示、用法、辨析等内容，读者在学习中很容易掌握成语的基本含义和正确用法。为增强知识性和趣味性，提高儿童的学习兴趣，按成语中涉及的字词或含义，以生活中常见的人体、神情、动物、植物、数字等进行简单直观的分类，同时还有“成语故事”和“成语填字格”，适合小学生学习和家长辅导使用。

图书在版编目(CIP)数据

少儿成语大观/史丽秋编著. -- 北京 ：金盾出版社，2010.11
ISBN 978-7-5082-6296-3

Ⅰ.①少… Ⅱ.①史… Ⅲ.①汉语—成语—少年读物 Ⅳ.①H136.3-49

中国版本图书馆 CIP 数据核字(2010)第 037486 号

金盾出版社出版、总发行
北京太平路 5 号(地铁万寿路站往南)
邮政编码：100036 电话：68214039 83219215
传真：68276683 网址：www.jdcbs.cn
封面印刷：北京金盾印刷厂
正文印刷：北京天宇星印刷厂
装订：北京天宇星印刷厂
各地新华书店经销
开本：850×1168 1/32 印张：9.75
2010 年 11 月第 1 版第 1 次印刷
印数：1～6 000 册 定价：22.00 元

前言

成语是语文中最重要的材料之一。它是我们祖辈智慧的结晶，是中华民族的语言瑰宝。帮助儿童广泛阅读和恰当地使用成语，有利于丰富儿童的文化知识，有利于培养儿童的理解感悟能力和增强说话与写作的感染力，从而提高学习兴趣和成绩。《少儿成语大观》是根据儿童的认知特点和接受能力编写的，适合小学和学龄前儿童使用。

本书着眼内容丰富、简单直观、生动有趣和便于检索的编著思路，进行了编排。

1. 词条的选取。以常见、常用为标准，重点精选现行各种新版小学教材、课外读物和平时写作及口语表达中，浅显易懂、易于接受、使用较多的成语。没有“繁、难、偏、旧”的成语。

2. 词条的分类。根据成语中所涉及的字词或含义，直观地分为涉人体、涉神貌、涉动物、涉植物、涉景物、涉数字和近义组合、反义组合、叠字组合及成语故事，共十类，便于按类学习或查找。

3. 词条的排序。除“涉数字”类是按首字自然数字顺序排列外，其他均在具体的分类项目下，按词条首字的汉语拼音字母顺序排列。

4. 栏目的设置。词条正文部分设有“释义”、“提示”、“造句”、“用法”、“辨析”等栏目。每个词条均配有拼音。为增强知识性和趣味性，还安排了“成语故事”和“成语填字格”。

5. 词条的检索。编有“词条分类总目”、“词条分类细目”和“词条音序索引”，方便读者用不同方式进行检索。

《少儿成语大观》是为提高儿童学习成语兴趣的辅助读物，难免有粗浅之不足。如需进一步深入掌握，还要配合成语工具书认真学习。

编　者

目录

小儿成语大观

词条分类总目

（右边页码为“词条分类细目”页码）

词条分类细目

（右边页码为正文页码）

一、涉人体

头

脸

眉

眼

目

耳

鼻

口

心

三、涉动物

兔

龙

蛇

马

四、涉植物

花

草

树木

五、涉景物

天气景色

日月星辰

山川河流

六、涉数字

一

万

七、近义组合

一、三字近义

二、四字近义

八、反义组合

一、二字反义

一、三字反义

二、四字反义

后重叠

双重叠

十、成语故事

一、涉人体

头

【垂头丧气】chuí tóu sàng qì

〈释义〉垂头：低垂着脑袋。丧：沮(jǔ)丧。低着头，情绪低落。形容打不起精神的样子。

〈造句〉小雨知道自己错了，垂头丧气地来到老师面前承认错误。

【呆头呆脑】dāi tóu dāi nǎo

〈释义〉呆：傻(shǎ)。形容头脑反应迟钝(dùn)，傻乎乎的样子。

〈造句〉别看他有点呆头呆脑的，学习成绩还不错。

【当头一棒】dāng tóu yí bàng

〈释义〉当头：迎着，正对着头。对着头突然就给一棒子。比喻突如其来的沉重打击。

〈提示〉“一”在这里读“yí”

〈造句〉听到爸爸突然去世的噩(è)耗(hào)，真好似当头一棒，她顿时失声痛哭起来。

【昏头昏脑】hūn tóu hūn nǎo

〈释义〉形容头脑发昏，感觉糊里糊涂。

〈造句〉最近我忙得昏头昏脑的，经常忘事。

【焦头烂额】jiāo tóu làn é

〈释义〉原指头脸被火烧焦，现形容受到打击后十分狼狈(bèi)的样子。

〈造句〉最近的事太多了，他整天忙得焦头烂额。

【探头探脑】tàn tóu tàn nǎo

〈释义〉探：伸。不断地伸头张望。形容张望或行动诡(guǐ)秘(mì)的样子。

〈造句〉见家里来了生人，胆小的妹妹在屋里探头探脑地往外张望。

【头破血流】 tóu pò xuè liú

〈释义〉头被打破，鲜血直流。

〈提示〉“血”不读“xiě”

〈造句〉司机酒后驾驶，把一个过路人撞得头破血流。

【头晕目眩】 tóu yūn mù xuàn

〈释义〉晕：头昏。眩：眼花。头脑发昏，眼睛发花，看不清东西。也作“头昏眼花”。

〈造句〉她从十几米高的跳台上往下看，感到一阵头晕目眩。

【头重脚轻】 tóu zhòng jiǎo qīng

〈释义〉头过重，脚过轻。或上面重，下面轻。形容因头昏而站立不稳的样子。

〈造句〉小丽得了重感冒，总感觉头重脚轻的，不得不休息一天。

【摇头晃脑】 yáo tóu huàng nǎo

〈释义〉脑袋不停地摇晃。多形容读书吟（yín）诵（sòng）时自我陶醉的样子。

〈造句〉看着孩子们摇头晃脑地诵读古诗的样子，实在太可爱了。

【晕头转向】 yūn tóu zhuàn xiàng

〈释义〉头脑昏乱，辨（biàn）不清方向或不知道怎么办才好。

〈提示〉“转”，这里读 zhuàn，不读 zhuǎn。

〈造句〉这几天老师布置的作业很多，忙得小明晕头转向。

脸

【愁眉苦脸】 chóu méi kǔ liǎn

〈释义〉愁眉：忧愁时皱（zhòu）着眉头。紧锁双眉，哭丧着脸。形容愁容满面的样子。

〈造句〉看她这两天愁眉苦脸的，一定有什么烦心事。

〈辨析〉见“愁眉不展”。

【劈头盖脸】 pī tóu gài liǎn

〈释义〉劈：冲着，正对着。盖：

蒙(méng)上。正对着头和脸而来。形容来势凶猛。

〈造句〉一阵狂风过后,大雨点劈头盖脸地砸(zá)了下来。

【**死皮赖脸**】sǐ pí lài liǎn

〈释义〉形容人厚着脸皮,胡搅蛮(mán)缠(chán)的样子。

〈造句〉他这样死皮赖脸地讨好你,一定是别有用心。

【**嘻皮笑脸**】xī pí xiào liǎn

〈释义〉嘻:游戏、玩耍(shuǎ)。形容嘻笑,不严肃(sù)的样子。也作“嬉皮笑脸”。

〈造句〉文文一看把妈妈惹(rě)生气了,赶紧嘻皮笑脸地过来逗妈妈开心。

眉

【**愁眉不展**】chóu méi bù zhǎn

〈释义〉展:舒展。忧愁得眉头紧锁,不得舒展。形容心事重(chóng)重的样子。也作“愁眉紧锁”。

〈造句〉由于高考落榜,姐姐整天闷在家里,愁眉不展。

〈辨析〉愁眉不展　愁眉苦脸

它们都形容忧愁,可通用。“愁眉不展”强调眉头紧锁,“愁眉苦脸”强调哭丧着脸。用于形容忧愁苦闷的心情。

【**慈眉善目**】cí méi shàn mù

〈释义〉慈祥善良的面容。形容人和善可亲的样子。

〈造句〉慈眉善目的张爷爷特别爱孩子,孩子们也爱张爷爷。

【**横眉怒目**】héng méi nù mù

〈释义〉瞪大眼睛怒视的样子。形容愤怒,怒不可遏的样子。

〈造句〉贪玩儿的小强一进屋,就看见爸爸横眉怒目的,吓得他赶紧溜进屋去写作业。

【**火烧眉毛**】huǒ shāo méi mao

〈释义〉火都烧到了眉毛。比

喻情况非常危急。

〈造句〉都火烧眉毛了,你怎么一点儿都不着急。

〈用法〉比喻危急情况就在眼前。

【挤眉弄眼】jǐ méi nòng yǎn

〈释义〉挤眉毛眨(zhǎ)弄眼睛向别人暗示。

〈造句〉我正闹得来劲儿,一旁的王雨一个劲儿地向我挤眉弄眼,原来是李老师走进了教室。

【眉清目秀】méi qīng mù xiù

〈释义〉清、秀:美丽而不俗(sú)气。形容相貌清秀俊美。

〈造句〉兰兰是个眉清目秀、活泼可爱的小姑娘。

【眉开眼笑】méi kāi yǎn xiào

〈释义〉眉头舒展,眼含笑意。形容人非常高兴的样子。

〈造句〉怪不得他眉开眼笑的,原来是考了双百。

【眉飞色舞】méi fēi sè wǔ

〈释义〉色:脸色。形容十分高兴、得意的样子。

〈造句〉哥哥手捧着北大的录取通知书,高兴得眉飞色舞。

【眉头一皱,计上心来】méi tóu yí zhòu, jì shàng xīn lái

〈释义〉计:计策(cè)、主意。形容人略加思考,马上想出主意。

〈造句〉他眉头一皱,计上心来,说:"大家别着急,我有办法了!"

〈用法〉多用于形容人反应快、智(zhì)谋多。

【迫在眉睫】pò zài méi jié

〈释义〉迫:迫近。眉睫:眉毛和眼睫毛。近在眉毛和眼睫毛前。形容事情非常紧迫,已临近眼前。

〈造句〉伤者由于失血过多几度昏迷,输血已迫在眉睫。

【扬眉吐气】yáng méi tǔ qì

〈释义〉扬起眉毛，吐出闷气。形容摆脱长期被压抑(yì)的心情后畅(chàng)快、得意的神情。

〈造句〉新中国成立了，使每个中国人都欢欣鼓舞，扬眉吐气。

眼

【大开眼界】dà kāi yǎn jiè

〈释义〉界：见识。开阔了视野，增长了见识。

〈造句〉第一次去博物馆参观，可真是大开眼界。

〈用法〉含感慨(kǎi)意味。

【火眼金睛】huǒ yǎn jīn jīng

〈释义〉原指《西游记》中孙悟空能识别妖魔鬼怪的眼睛。现形容人眼光敏锐，能够识别真假。

〈造句〉王警官练就了一双火眼金睛，再狡(jiǎo)猾(huá)的犯罪分子也别想逃过他的眼睛。

【见钱眼开】jiàn qián yǎn kāi

〈释义〉看见钱财眼睛马上就瞪(dèng)得大大的。形容人贪财。

〈造句〉他是个见钱眼开、爱财如命的人。

【望眼欲穿】wàng yǎn yù chuān

〈释义〉望：向远处看。欲：将要。穿：破，通透。极目远望，眼睛都要望穿了。形容急切盼望。

〈造句〉盼望着失踪的儿子早日回来，老母亲望眼欲穿。

【眼观六路，耳听八方】yǎn guān liù lù，ěr tīng bā fāng

〈释义〉六路：上、下、前、后、左、右六个方向。八方：东、南、西、北、东南、西南、西北、东北八个方向。眼睛、耳朵灵敏，能够洞察四面八方的情况。形容灵活机智，遇事能多方观察分析。

〈造句〉机警(jǐng)的小交通员眼观六路，耳听八方，多次巧妙地躲过敌人的搜捕，把一份份重要的情报及时地传递出去。

【眼明手快】yǎn míng shǒu kuài

〈释义〉明：能够看清事物。眼光锐(ruì)利，手脚利落。

〈造句〉一看小偷想跑，他眼明手快，一把抓住了小偷的衣领。

【眼花缭乱】yǎn huā liáo luàn

〈释义〉缭乱：缠(chán)绕(rào)、纷乱。形容事物复杂纷繁(fán)看得人眼睛发花，感到迷乱。

〈造句〉灯会上各式各样的彩灯光彩夺目，令人眼花缭乱。

【有眼无珠】yǒu yǎn wú zhū

〈释义〉珠：眼珠。长着眼睛没有眼珠。比喻没有眼力，缺乏辨(biàn)别人或事物的能力。

〈造句〉我真恨自己有眼无珠，当初竟轻易相信了这个骗子。

目

【不堪入目】bù kān rù mù

〈释义〉堪：忍受。不能忍受它进入眼睛。形容形象或文字十分粗俗，使人看不下去。

〈造句〉那个伤风败俗、不堪入目的色情网站，终于被取缔(dì)了。

〈用法〉含厌恶(wù)意。

【瞠目结舌】chēng mù jié shé

〈释义〉瞠目：瞪着眼睛。结舌：舌头打结，说不出话来。瞪着眼睛说不出话来。形容窘(jiǒng)迫或惊呆的样子。

〈提示〉“瞠”，读chēng。

〈造句〉魔(mó)术师的精湛表演，令观众们瞠目结舌。

〈辨析〉瞠目结舌　目瞪口呆。

它们都有一时说不出话来的意思，可通用。“瞠目结舌”用于书面语，神态是瞪着眼，还能结结巴巴地说出点儿话；“目瞪口呆”用于口语，神态也是瞪着眼，但一句话也说不出来。

【刮目相看】guā mù xiāng kàn

〈释义〉刮目：擦亮眼睛。擦亮眼睛看别人。指别人已有进步，就要去掉旧的看法，用新眼光来看待他。

〈造句〉学习成绩一向落后的小桃，最近三次考试，成绩都名列前茅，这下老师和同学都对她刮目相看了。

〈用法〉形容人有了显著进步，含称赞、勉励(lì)意味。

【光彩夺目】guāng cǎi duó mù

〈释义〉夺目：耀(yào)眼。光泽、色彩非常耀眼。

〈造句〉小区里一片光彩夺目的杜鹃花，成为一道亮丽的风景。

【过目不忘】guò mù bú wàng

〈释义〉过目：看过。看过一遍就不会忘记。形容记忆力特别强。

〈造句〉他有超常的记忆力，读书过目不忘。

〈用法〉含称赞意味。

【举目无亲】jǔ mù wú qīn

〈释义〉举目：抬起眼睛看。抬头看去，没有一个亲人。形容孤身一人，人地生疏(shū)，无依无靠。

〈造句〉大家都伸出援助之手，帮助这个举目无亲、身患(huàn)重病的打工妹。

【举世瞩目】jǔ shì zhǔ mù

〈释义〉举世：全世界。瞩目：注视。全世界的人都注视着。

〈提示〉“瞩”，读 zhǔ。

〈造句〉2008 年 8 月 8 日晚 8

时，北京的鸟巢里灯火辉煌，举世瞩目的第29届奥运会开幕式在这里隆重举行。

【历历在目】lì lì zài mù

〈释义〉历历：清清楚楚的样子。清清楚楚地呈现在眼前。形容远方的景物或过去的情景好像仍在眼前。

〈造句〉事情虽然已过去十几年了，但现在回想起来仍历历在目。

〈用法〉有时用于眼前景物，有时用于对往事的回忆。

【琳琅满目】lín láng mǎn mù

〈释义〉琳琅：美玉。眼前满是各种各样的美玉。比喻眼前都是珍贵、美好的东西。

〈造句〉这是一家高档商场，里面的商品琳琅满目，应有尽有。

【目不识丁】mù bù shí dīng

〈释义〉目：眼睛。识：认识。丁：借指最简单的汉字。连最简单的“丁”字都不认识。比喻人不认识字。

〈造句〉奶奶虽然目不识丁，但她懂得不少道理，深受人们尊重。

【目不转睛】mù bù zhuǎn jīng

〈释义〉目：眼睛。睛：眼珠。眼珠不转动地盯着看。形容注意力集中的样子。

〈造句〉同学们都目不转睛地盯着黑板，认真地听老师讲课。

【目不忍睹】mù bù rěn dǔ

〈释义〉忍：忍受。睹：看见。形容十分凄（qī）惨（cǎn），让人不忍心看。

〈造句〉大地震过后，房倒屋塌（tā），一片狼藉（jí），真是令人目不忍睹。

【目不暇接】mù bù xiá jiē

〈释义〉目：眼睛。暇：空闲。

接:接应。指要看的东西太多或景物变化太快,眼睛看不过来。

〈造句〉每年除夕晚上的文艺节目丰富多彩,让人目不暇接。

【目中无人】mù zhōng wú rén

〈释义〉眼睛里没有别人,形容骄傲自大,任何人都看不起。

〈造句〉这个孩子从小就被父母宠(chǒng)坏了,骄傲自大,目中无人。

【目光远大】mù guāng yuǎn dà

〈释义〉目光:眼光,见识。远大:长远而广阔。形容见识广,富有远见。

〈造句〉他少年立志、目光远大,后来成为一位赫(hè)赫有名的科学家。

【目光短浅】mù guāng duǎn qiǎn

〈释义〉目光:眼光,见识。短浅:狭窄而肤浅。形容只看到眼前的利益而缺乏远见。

〈造句〉他目光短浅,竟让孩子辍(chuò)学去打工挣钱。

【目光炯炯】mù guāng jiǒng jiǒng

〈释义〉目光:眼睛的神采。炯炯:形容眼睛明亮的样子。形容眼睛明亮有神,目光锐利。

〈造句〉这个小伙子目光炯炯,将来一定有出息。

【目瞪口呆】mù dèng kǒu dāi

〈释义〉瞪:用力睁(zhēng)大眼睛。口呆:嘴张着而说不出话来。瞪大眼睛,嘴张着说不出话。形容因吃惊或害怕而发愣(lèng)的样子。

〈造句〉一看自己打碎了教室的玻璃,他吓得目瞪口呆,不知如何是好。

〈辨析〉见“瞠目结舌”。

【引人注目】yǐn rén zhù mù
〈释义〉注目：注视，注意。引起人们的注意。
〈造句〉在植树的人群中，81岁高龄的邓小平爷爷格外引人注目。
〈用法〉多用于形容独具特色的人或事物。

【众目睽睽】zhòng mù kuí kuí
〈释义〉睽睽：睁大眼睛注视。大家都睁大眼睛注视着。
〈造句〉在众目睽睽之下，他打了人之后，竟骑上摩托车扬长而去。
〈用法〉常跟“之下”结合使用。

耳

【充耳不闻】chōng ěr bù wén
〈释义〉充：塞（sāi）住。闻：听见。塞住耳朵不听。指不听别人的意见或劝告。
〈造句〉妈妈整天提醒他不要上网吧玩游戏，可他却充耳不闻。
〈用法〉形容人傲（ào）慢、冷漠，含不满批评等意味。也可指人太专心而什么也听不见。

【耳闻目睹】ěr wén mù dǔ
〈释义〉闻：听见。睹：看见。指亲耳听见，亲眼看见。
〈造句〉听他讲述那些耳闻目睹的感人故事，我们都流下了感动的泪水。
〈用法〉含确信意味。

【耳聪目明】ěr cōng mù míng
〈释义〉聪：听觉灵敏。指听得清楚，看得分明。
〈造句〉别看张奶奶已九十岁高龄，可老人家依然耳聪目明，身体非常好。
〈用法〉多形容老年人身体健康、精神好。

【耳目一新】ěr mù yì xīn
〈释义〉一：一下子。耳朵听到的、眼睛看到的都和以前不一

样了，使人感到新鲜。形容事物给人全新的感受。

〈造句〉改革开放三十年，如今家乡的面貌真是令人耳目一新。

〈用法〉含称赞、感慨意味。

【耳熟能详】ěr shú néng xiáng

〈释义〉熟：熟悉（xī）。详：详细。耳朵听得次数多了就熟悉了，因而能说得清楚详细。

〈造句〉这个小英雄抗震救灾的感人事迹，我们已经耳熟能详了。

〈用法〉形容特别熟悉，多用于事件、故事等。

【肥头大耳】féi tóu dà ěr

〈释义〉形容体态肥胖。有时指小孩可爱。

〈造句〉在电视剧《西游记》中，我最喜欢的是肥头大耳的猪八戒。

【隔墙有耳】gé qiáng yǒu ěr

〈释义〉隔着一道墙，也有人偷听。比喻即使秘密商量，也可能被人知道。

〈造句〉别大声嚷（rāng）嚷（rang），小心隔墙有耳。

【交头接耳】jiāo tóu jiē ěr

〈释义〉头挨着头，嘴贴着对方的耳朵。形容两人之间靠得很近，低声交谈。

〈造句〉放学路上，我看见他俩一阵交头接耳后便鬼鬼祟（suì）祟地跑开了。

〈辨析〉见“窃窃私语”。

【面红耳赤】miàn hóng ěr chì

〈释义〉赤：红。脸和耳朵都红了。形容因害羞（xiū）、急躁（zào）、发怒等脸上发红的样子。

〈造句〉兄弟俩为了一点儿鸡毛蒜（suàn）皮的小事，竟然吵得面红耳赤。

【如雷贯耳】rú léi guàn ěr

〈释义〉贯：贯穿，进入。像雷声传进耳朵那样响亮。比喻人的名声极大。

〈造句〉你的名字在这一地区可是如雷贯耳，没有不知道的。

〈用法〉多用于客套话。

【洗耳恭听】xǐ ěr gōng tīng

〈释义〉洗净耳朵，恭敬地听讲。形容恭敬而专心地听人讲话。

〈造句〉请把你的意见说出来，我们洗耳恭听。

〈用法〉多用作请人说话时的客套话。也有讽刺或开玩笑的意思。

【迅雷不及掩耳】xùn léi bù jí yǎn ěr

〈释义〉迅：迅速，快。掩：捂住。突然响起的雷声使人来不及捂住耳朵。比喻来势突然、迅猛，使人来不及防备。

〈造句〉他以迅雷不及掩耳之势一脚踢飞了歹徒手中的尖刀。

【震耳欲聋】zhèn ěr yù lóng

〈释义〉欲：快、要。耳朵都要震聋了。形容声音特别大。

〈提示〉“聋”，读 lóng，因为它指耳朵听不见声音，所以下面是“耳”，不要只写成“龙”。

〈造句〉一声震耳欲聋的爆(bào)炸(zhà)声，把人们从睡梦中惊醒。

【抓耳挠腮】zhuā ěr náo sāi

〈释义〉挠：搔(sāo)、抓。腮：腮帮子。抓抓耳朵，挠挠腮帮子。形容焦急而又没有办法的样子。

〈造句〉考试时，小明有好几道题做不出来，急得抓耳挠腮。

鼻

【鼻青脸肿】bí qīng liǎn zhǒng

〈释义〉鼻子青了，脸也肿了。

形容头部受外伤的样子。

〈造句〉由于偷拿别人的钱包还反抗，小偷被愤怒的人们打得鼻青脸肿。

【鼻息如雷】 bí xī rú léi

〈释义〉熟睡时发的鼻息声很大，像打雷一样。形容睡得很深，鼾(hān)声很大。

〈造句〉这几天爸爸实在太累了，只要一躺下就会鼻息如雷。

【嗤之以鼻】 chī zhī yǐ bí

〈释义〉嗤：讥(jī)笑。用鼻子发出冷笑声来讥笑别人。表示轻蔑(miè)、瞧(qiáo)不起。

〈造句〉小刚很不虚心，对别人的优点总是嗤之以鼻。

D

【病从口入】 bìng cóng kǒu rù

〈释义〉病菌(jūn)往往从嘴里传入身体。多指如果饮食不卫生就容易得病。

〈造句〉为了防止病从口入，我们平时一定要注意饮食卫生。

【出口成章】 chū kǒu chéng zhāng

〈释义〉说出话来就能成为文章。形容文思敏捷(jié)，口才好。

〈造句〉这个同学文才很好，常常是出口成章。

【饭来张口】 fàn lái zhāng kǒu

〈释义〉饭端到面前才张口吃。形容一切都要别人侍候，自己不劳动，坐享其成。

〈造句〉我们是新中国的儿童，绝不能做衣来伸手、饭来张口的寄(jì)生虫。

〈用法〉常与“衣来伸手”连用。

【祸从口出】 huò cóng kǒu chū

〈释义〉祸：灾祸。灾祸从嘴里产生。指说话不谨(jǐn)慎(shèn)就会招惹(rě)灾祸。

〈造句〉他忘了祸从口出的教训，又在那里胡言乱语。

〈用法〉常与“病从口入”连用。

【交口称赞】jiāo kǒu chēng zàn

〈释义〉交口：众口齐声。大家同声称赞。

〈造句〉对这位见义勇为的年轻人，围观的群众无不交口称赞。

【空口无凭】kōng kǒu wú píng

〈释义〉无：没有。凭：凭证。只靠嘴说，没有真凭实据。也说“口说无凭”。

〈造句〉说话要有根据，你不能空口无凭地乱说。

【口干舌燥】kǒu gān shé zào

〈释义〉燥：干。形容因天气过热或不停地说话，而使口都干了。

〈造句〉老师连续讲了两节课，自然是口干舌燥，我赶紧给他倒了杯水。

【口是心非】kǒu shì xīn fēi

〈释义〉嘴里说的是一样，心里想的是另一样。指心口一不致。

〈造句〉他是一个口是心非、阳奉阴违的小人。

〈用法〉多指嘴上说好的，心里不怀好意。

【脍炙人口】kuài zhì rén kǒu

〈释义〉脍：切（qiē）得很细的肉。炙：烤（kǎo）熟的肉。美味的东西人人爱吃，比喻好的诗文或美好的事物，人人都赞美和传诵（sòng）。

〈提示〉“炙”，读 zhì，上边是“月”（肉）的变形，表示肉在火上烤。

〈造句〉李白的诗脍炙人口，世代传诵。

【良药苦口】liáng yào kǔ kǒu

〈释义〉良药：能治病的好药。有疗效的好药往往味道很苦。比喻批评能帮助人改正错误，但听起来却不舒服。也说“苦口良药”。

〈造句〉老师的批评是严厉了些，但良药苦口，希望你能明白老师的用心。

〈用法〉常与“忠言逆耳”连用，又常说“良药苦口利于病，忠言逆耳利于行”。

【矢口否认】 shǐ kǒu fǒu rèn

〈释义〉矢口：发誓(shì)。一口咬定，坚决不承认。形容要(shuǎ)赖狡(jiǎo)辩，拒不承认过错。

〈提示〉“矢”，读 shǐ，不读 shī。

〈造句〉证据确凿(záo)，你再矢口否认也没用。

【守口如瓶】 shǒu kǒu rú píng

〈释义〉守口：紧闭嘴巴。如瓶：像瓶口塞(sāi)住那样严。形容说话十分谨(jǐn)慎(shèn)或严守秘密，决不轻易开口。

〈造句〉请你放心，这件事我保证守口如瓶。

【脱口而出】 tuō kǒu ér chū

〈释义〉脱口：随口说出。不假思索，随口说出。

〈造句〉智力竞赛中，小文对各种提问都能脱口而出，对答如流。

【信口开河】 xìn kǒu kāi hé

〈释义〉信：随意。随口乱说，毫无根据。

〈造句〉我们说话都要有根据，不能信口开河。

【血口喷人】 xuè kǒu pēn rén

〈释义〉比喻用恶毒的话诬(wū)蔑(miè)攻击别人。

〈造句〉你要摆事实，讲道理，不能无中生有，血口喷人。

〈用法〉常用于捏造事实陷害好人的人。

【哑口无言】 yǎ kǒu wú yán

〈释义〉像哑巴一样说不出话来。形容无话可说或无言答对的样子。

〈造句〉他刚才还百般抵赖，但在证据面前，顿时变得哑口无言了。

〈辨析〉哑口无言　张口结舌

它们都含有说不出话来的意思。“哑口无言”偏重于理屈词穷，无言答对的样子；“张口结舌”偏重于想说而说不出来。

【异口同声】 yì kǒu tóng shēng

〈释义〉异：不同的。不同人的嘴里说出同样的话。形容大家的说法完全一致。

〈提示〉“异”，读 yì，不要写作“一”。

〈造句〉老师刚把问题说完，同学们就异口同声地说出了答案。

【有口皆碑】 yǒu kǒu jiē bēi

〈释义〉碑：记载功绩的石碑。所有人都用嘴来替他当记功碑。形容功德无量，人人称颂。

〈造句〉他品学兼优，乐于助人，在同学、朋友中是有口皆碑的。

【赞不绝口】 zàn bù jué kǒu

〈释义〉赞：称赞。绝：断，停止。形容非常欣赏，不住口地称赞。

〈造句〉丽丽的毛笔字写得好极了，同学们看了都赞不绝口。

【张口结舌】 zhāng kǒu jié shé

〈释义〉结舌：舌头像打了结似的。张着嘴说不出话来。形容理亏或紧张害怕以致说不出话来。

〈造句〉在同学们七嘴八舌的质(zhì)问下，他张口结舌，无言以对。

〈辨析〉见“哑口无言”。

唇

【唇红齿白】 chún hóng chǐ bái

〈释义〉嘴唇红润(rùn)，牙齿洁白。形容人长相漂亮。

〈造句〉这个江南的小姑娘长得眉清目秀，唇红齿白。

【唇齿相依】chún chǐ xiāng yī

〈释义〉嘴唇和牙齿互相依赖。比喻双方关系密切，相互依靠。

〈造句〉中朝两国唇齿相依，自古以来都是友好邻邦。

【唇枪舌剑】chún qiāng shé jiàn

〈释义〉嘴唇像枪，舌头似剑。形容争辩激烈。言辞锋利，就像枪剑交锋一样。

〈造句〉在辩论会上，辩论双方唇枪舌剑，各不相让。

〈用法〉多形容辩论、争吵等。

牙

【伶牙俐齿】líng yá lì chǐ

〈释义〉伶、俐：聪明，灵活。形容口才好，能说会道而善于应付。

〈造句〉这个小姑娘伶牙俐齿，谁也说不过她。

〈辨析〉伶牙俐齿　能说会道

它们都表示“善于讲话”。“伶牙俐齿”强调灵活乖巧又善于应付，“能说会道”只强调口才好。

【咬牙切齿】yǎo yá qiè chǐ

〈释义〉咬紧牙齿，以示痛恨(hèn)。形容痛恨到了极点。

〈造句〉对拐(guǎi)卖儿童的犯罪分子，人们恨得咬牙切齿。

【龇牙咧嘴】zī yá liě zuǐ

〈释义〉龇着牙咧着嘴。

①形容非常凶恶的样子。

〈造句〉放学路上，一只小花狗龇牙咧嘴地对我狂叫，吓得我撒(sā)腿就跑。

②形容痛苦难忍(rěn)的样子。

〈造句〉小丽不小心摔(shuāi)了一跤(jiāo)，疼得她趴在地上龇牙咧嘴。

舌

【笨嘴拙舌】bèn zuǐ zhuō shé

〈释义〉拙：笨，不灵巧。形容没有口才，不善言辞。

〈造句〉我笨嘴拙舌的，还是你去说吧。

〈用法〉多用作谦（qiān）辞。

【巧舌如簧】qiǎo shé rú huáng

〈释义〉簧：乐器里发声的薄片。舌头灵巧得就像乐器里的薄片一样。形容善于狡（jiǎo）辩（biàn），说得美妙动听。也说“巧言如簧”。

〈造句〉这次你再巧舌如簧，我也不会上当受骗了。

〈用法〉多用于说话美妙动听，目的在于骗人。

【油嘴滑舌】yóu zuǐ huá shé

〈释义〉形容人说话轻浮、油滑，耍（shuǎ）嘴皮子。

〈造句〉油嘴滑舌的人交不到真心朋友。

喉

【骨鲠在喉】gǔ gěng zài hóu

〈释义〉鲠：鱼骨，鱼刺。鱼刺卡在喉咙里。比喻心里有话，不说出来就非常难受。

〈提示〉“鲠”读 gěng，左偏旁是“鱼”，因为它指鱼骨、鱼刺。

〈造句〉因无端地被冤（yuān）枉（wang），小玉难过极了，真如骨鲠在喉。

【咽喉要地】yān hóu yào dì

〈释义〉咽喉：食物和气体的共同通道，位于鼻腔、口腔和喉腔的后方，通常混称咽喉。比喻像咽喉一样重要的交通要道。

〈造句〉这个路口堪（kān）称本市的咽喉要地，每天经过这里的车辆不计其数。

胸

【昂首挺胸】áng shǒu tǐng xiōng

〈释义〉昂：抬起，扬。首：头。

昂起头，挺起胸。形容精神振(zhèn)奋、英勇无畏的样子。

〈提示〉“首”(shǒu)，表示“头”，不要写成“手脚”的“手”。

〈造句〉面对敌人的铡(zhá)刀，刘胡兰昂首挺胸，毫无惧色。

【捶胸顿足】 chuí xiōng dùn zú

〈释义〉捶：用拳(quán)敲(qiāo)打。顿足：用脚跺(duò)地。用拳敲打胸膛，用脚跺地。形容非常悲痛或懊(ào)悔的样子。

〈造句〉爷爷出殡(bìn)那天，姑姑哭得捶胸顿足，死去活来。

【胸怀大志】 xiōng huái dà zhì

〈释义〉心中有远大志向。

〈造句〉他从小就胸怀大志，要为中华之崛(jué)起而读书。

〈用法〉形容人有远大理想。

【胸无点墨】 xiōng wú diǎn mò

〈释义〉墨：墨水，比喻学问。胸中没有一点墨水。形容不读书，没有文化或文化水平低。

〈造句〉现代社会里，胸无点墨的人很难立足。

腹

【大腹便便】 dà fù pián pián

〈释义〉便便：肚子肥大的样子。形容肚子又肥又大。

〈提示〉“便”，这里读 pián，不读 biàn。

〈造句〉车上下来一位大腹便便、衣冠楚楚的中年人。

【腹背受敌】 fù bèi shòu dí

〈释义〉腹：指前面。背：指后面。前后都受到敌人的攻击。

〈造句〉我军在腹背受敌的情况下，以英勇顽强的精神，击退了敌人的围攻。

【满腹经纶】mǎn fù jīng lún

〈释义〉腹：肚子。经纶：原指整理过的蚕丝，后比喻学问和才干。一肚子学问和才干。泛指人很有学问。

〈造句〉他虽然满腹经纶，但缺乏实际工作经验。

【满腹狐疑】mǎn fù hú yí

〈释义〉狐疑：狐性多疑，所以称多疑为狐疑。一肚子怀疑。

〈造句〉听了她的解释，我仍然满腹狐疑。

【食不果腹】shí bù guǒ fù

〈释义〉果：饱足。吃不饱肚子。

〈造句〉旧社会人民衣不遮体、食不果腹，生活极其困苦。

腰

【虎背熊腰】hǔ bèi xióng yāo

〈释义〉虎一样的背，熊一样的腰。形容人身材高大、健(jiàn)壮。

〈造句〉打人的是一个虎背熊腰的黑大汉。

〈用法〉形容人体格粗大强壮。

【腰缠万贯】yāo chán wàn guàn

〈释义〉贯：旧时的制钱，用绳子穿上，每一千个称一贯，腰里装着一万贯铜钱。形容非常富有。

〈造句〉几年时间，他就从一个小打工仔，变成了腰缠万贯的大老板。

心

【别出心裁】bié chū xīn cái

〈释义〉别：另外。裁：安排取舍。指另外想出一种与众不同的新立意、新方法。也说“独出心裁”。

〈造句〉小芳制作的小手工别出心裁，获得了一等奖。

【称心如意】chèn xīn rú yì

〈释义〉称：适合。如：符合。

完全合乎心意，使人心满意足。

〈造句〉逛(guàng)了半天，妹妹终于在一家商场买到了称心如意的衣服。

【诚心诚意】 chéng xīn chéng yì

〈释义〉形容真心实意，毫不虚伪(wěi)。

〈造句〉我诚心诚意地邀(yāo)请你们到我家做客。

【痴心妄想】 chī xīn wàng xiǎng

〈释义〉痴：沉迷。妄：荒唐。痴迷的心思，荒唐的想法。指一心想着不可能实现的事情。

〈造句〉平时不努力学习，却又想获得好成绩，这只能是痴心妄想。

〈用法〉含讽刺、轻蔑意味。

【赤胆忠心】 chì dǎn zhōng xīn

〈释义〉赤：赤诚。忠：忠诚。形容非常忠诚。

〈造句〉革命烈士个个对祖国赤胆忠心，我们永远怀念他们。

〈辨析〉赤胆忠心　忠心耿耿

它们都可以形容忠诚。“赤胆忠心”语义重，可指人忠诚，也可指忠诚的心；“忠心耿耿”主要形容人忠诚，语义比赤胆忠心轻。

【触目惊心】 chù mù jīng xīn

〈释义〉触目：眼睛所看到的。看到某种严重的情况，而使内心受到很大的震动。形容事态非常严重，使人震惊。也作“怵(chù)目惊心”。

〈造句〉影片中一个个触目惊心的镜头，充分揭露了当年日军的暴行。

〈用法〉多形容灾情、恶性案件等所造成的严重情况。

【粗心大意】 cū xīn dà yì

〈释义〉形容做事马虎，不细心。

〈造句〉考试时一定要认真审

题，千万不能粗心大意。

〈用法〉含指责、批评意味。

【大快人心】 dà kuài rén xīn

〈释义〉指坏人坏事受到打击、惩（chéng）罚（fá），使人心里非常痛快、高兴。

〈造句〉这伙扰乱社会治安的流氓（máng）受到了法律的严惩，真是大快人心。

【独具匠心】 dú jù jiàng xīn

〈释义〉具：具有。匠心：巧妙高明的构思。指在技巧和艺术方面具有独特的构思或创造性。

〈造句〉眼前这座雕（diāo）塑不仅具有独具匠心的美，而且还是用废旧物品做的，很有环保意义。

【钩心斗角】 gōu xīn dòu jiǎo

〈释义〉原指宫室建筑结构精巧。现比喻人与人之间各用心机，明争暗斗，互相排挤打击。也作“勾心斗角”。

〈造句〉社会上好多人为了争权夺利，总是钩心斗角。

〈用法〉含讽刺、轻蔑意味。

【归心似箭】 guī xīn sì jiàn

〈释义〉回家的念头很急切，想像射出的箭那样快到家。形容回家的心情非常迫切。

〈造句〉听说爸爸病危，她归心似箭，接到电话就连夜往家赶。

【鬼迷心窍】 guǐ mí xīn qiào

〈释义〉窍：孔，洞。被鬼迷惑（huò）住心智。形容被某种事物所迷惑而失去心智。

〈提示〉“窍”读 qiào，上面是“穴”，下面是“巧”。

〈造句〉他简直是鬼迷心窍，竟然偷拿了公家的东西。

〈用法〉含劝诫、指责意味。

【灰心丧气】 huī xīn sàng qì

〈释义〉失去信心和勇气。形

容因失败或挫(cuò)折而意志消沉，失去信心。

〈造句〉尽管这次考试没及格，但小强并没有灰心丧气，而是在努力争取下次考出好成绩。

【回心转意】huí xīn zhuǎn yì

〈释义〉回、转：掉转。心、意：思想意识。改变原来的心意和态度，不再坚持。

〈造句〉在大家的劝说下，小虎终于回心转意，安心回学校上课了。

【惊心动魄】jīng xīn dòng pò

〈释义〉魄：魂(hún)魄。使人神魂受到震动。形容使人内心受到极大的震动，心情紧张到极点。

〈造句〉四川那场惊心动魄的大地震，使他失去了所有的亲人。

【居心叵测】jū xīn pǒ cè

〈释义〉居心：存心。叵：不可。测：推测。心里想什么，无法推测。形容内心险恶。

〈提示〉“叵”，读 pǒ，不要写成“巨”。

〈造句〉他是个居心叵测的人，我们可要当心。

〈用法〉多用于心存恶意的坏人。

【刻骨铭心】kè gǔ míng xīn

〈释义〉刻骨：感受极深。铭：在石头或金属物上刻字。像刻在骨头和心上。形容感受深刻而牢记在心上，不能忘怀。

〈提示〉“铭”，读 míng，因为跟石头或金属物有关，所以左边是“钅”。

〈造句〉那次深刻教训，让我刻骨铭心，终生难忘。

【扣人心弦】kòu rén xīn xián

〈释义〉扣：敲打，牵(qiān)动。形容表演、比赛、言论等富有感染力，能牵动人心，使人心情激动。

〈造句〉体育场内正进行着一场扣人心弦的足球赛。

【苦口婆心】kǔ kǒu pó xīn

〈释义〉苦口：反复劝说。婆心：像老婆婆一样的好心肠。形容好心好意，耐心诚恳地反复开导劝说。

〈造句〉经过老师苦口婆心的说服教育，他终于迷途知返，改过自新。

〈用法〉用于规劝、开导、教育方面。

〈辨析〉苦口婆心　语重心长

它们都有诚恳地进行开导劝说的意思。“苦口婆心”偏重于劝说，有“再三、耐心”的意思；“语重心长”有说话有分量，情意深长的意思，多用于教育引导方面。

【漫不经心】màn bù jīng xīn

〈释义〉漫：随便。经心：在意，留心。形容随随便便，毫不在乎。

〈提示〉“漫”，读 màn，左边是“氵”，不要写成“忄”。

〈造句〉学习需要认真仔细，不能马虎大意、漫不经心。

〈用法〉多用于形容态度不在意、不认真。

【平心静气】píng xīn jìng qì

〈释义〉平心：心平气和。静气：情绪冷静。心境平和，态度冷静，不感情用事。

〈造句〉你应该坐下来，平心静气地跟孩子好好谈一谈。

〈辨析〉平心静气　心平气和

它们都表示心情平静。“平心静气”重在内心平静；“心平气和”重在态度温和。

【沁人心脾】qìn rén xīn pí

〈释义〉沁：渗(shèn)人。心脾：指人的心脏，喻指内心。指吸人芳香、凉爽的空气或喝了清凉的饮料，感到非常舒适。

〈造句〉一阵阵清风送来了沁

人心脾的花香。

【丧心病狂】sàng xīn bìng kuáng

〈释义〉丧：丧失。心：指理智。丧失理智，像发疯一样。形容言行极其荒谬（miù）或残忍，可恶到了极点。

〈造句〉丧心病狂的歹徒，竟然连两岁的孩子也不放过。

【赏心悦目】shǎng xīn yuè mù

〈释义〉赏心：心情欢畅（chàng）。悦目：看了舒服。形容看到美好的景物而心情舒畅。

〈造句〉那些漫山遍野、金灿灿的油菜花，令人赏心悦目。

【死心塌地】sǐ xīn tā dì

〈释义〉形容打定主意，不再改变。

〈造句〉他从小就死心塌地地努力学画画，最终成为了有名的画家。

【同心协力】tóng xīn xié lì

〈释义〉协：合。指心往一处想，劲往一处使。

〈造句〉只要大家同心协力，就一定能战胜眼下的困难。

【问心无愧】wèn xīn wú kuì

〈释义〉问：自问。摸着心口问自己，没有什么感到惭愧的地方，指反省自己，毫无惭愧。

〈造句〉做任何事情，只要对得起自己的良心，无论结果怎样，都会问心无愧。

【小心翼翼】xiǎo xīn yì yì

〈释义〉翼翼：恭敬谨（jǐn）慎（shèn）的样子。形容举动非常谨慎的样子。

〈造句〉为了不惊醒正在午睡的奶奶，我小心翼翼地关上房门。

【心灵手巧】xīn líng shǒu qiǎo

〈释义〉头脑灵活，手艺精巧。

〈造句〉孩子们心灵手巧，剪纸

不但学得快而且剪得好。

【心狠手辣】xīn hěn shǒu là

〈释义〉心肠凶狠，手段毒辣。

〈造句〉心狠手辣的王后，为了使自己成为世界上最漂亮的女人，总是想方设法加害白雪公主。

【心直口快】xīn zhí kǒu kuài

〈释义〉直：直爽（shuǎng）。心眼直，嘴巴快。形容性情直爽，心里有什么就说什么。

〈造句〉大军同学心直口快，有什么就说什么。

【心服口服】xīn fú kǒu fú

〈释义〉从心里到嘴上都服气。表示真心实意的信服。

〈造句〉班长严格要求自己，处处以身作则，同学们都心服口服。

〈辨析〉见“心悦诚服”。

【心花怒放】xīn huā nù fàng

〈释义〉怒放：盛开。心里乐得像花朵盛开一样。形容心里特别高兴。

〈造句〉听说在这次演出比赛中获得了第一名，她高兴得心花怒放。

【心中有数】xīn zhōng yǒu shù

〈释义〉指心中了解情况，处理事情有一定的把握。

〈造句〉爷爷教导我做事之前一定要做到心中有数，不能盲目地蛮干。

〈用法〉多用来比喻人老练、沉稳、办事稳当。

【心事重重】xīn shì chóng chóng

〈释义〉心事：心里不愿对别人说的烦心事。重重：一层层。烦心事很多。

〈提示〉“重重”读 chóng chóng，不能读 zhòng zhòng。

〈造句〉不知为什么，平时一向活泼开朗的小芳，最近显得心事重重。

【心不在焉】xīn bù zài yān

〈释义〉焉：于此，在这里。心思不在这里。形容精神不集中。

〈造句〉最近，他上课老是心不在焉，学习成绩也直线下降。

【心平气和】xīn píng qì hé

〈释义〉心情平静，态度温和。多指处事不急躁（zào）、不生气。

〈造句〉当我们犯错误时，老师总是心平气和地和我们讲道理。

〈辨析〉见“平心静气”。

【心慌意乱】xīn huāng yì luàn

〈释义〉内心慌乱，没了主意。

〈造句〉小偷心慌意乱，竟然跑进了一条死胡同。

〈辨析〉见“心烦意乱”。

【心烦意乱】xīn fán yì luàn

〈释义〉心情烦躁（zào），思绪杂乱。形容心里烦躁不安的样子。

〈造句〉工作问题一直没解决，他常常心烦意乱地发脾气。

〈辨析〉心烦意乱　心慌意乱

　　它们都含有思绪杂乱的意思。“心烦意乱”偏重于烦躁、烦闷、焦虑；“心慌意乱”偏重于慌乱，没有主意。

【心急如焚】xīn jí rú fén

〈释义〉焚：火烧。心里急得像火烧一样。形容非常焦（jiāo）急。

〈造句〉天已经黑了，可儿子放学后还没有回来，父母心急如焚。

【心惊肉跳】xīn jīng ròu tiào

〈释义〉形容内心极度恐惧不安。

〈造句〉受那次大地震的刺激，哪怕是听到敲门声，她都会吓得心惊肉跳。

【心满意足】xīn mǎn yì zú

〈释义〉形容称心如意，十分满意。

〈造句〉张奶奶常说，现在吃得饱、穿得暖，啥也不缺，我已经心满意足了。

【心悦诚服】xīn yuè chéng fú

〈释义〉悦：喜悦、高兴。诚：真心。服：佩服。由衷（zhōng）地高兴、真心实意地佩服。

〈造句〉王老师教导有方，每次讲道理都使我们心悦诚服。

〈辨析〉心悦诚服　心服口服

它们都是从心里折（zhé）服的意思。“心悦诚服”指“愉悦、真诚”地服从、信服、佩服；“心服口服”只指信服，语义轻。

【心甘情愿】xīn gān qíng yuàn

〈释义〉心里完全愿意，没有丝毫勉强。

〈造句〉平平的腿摔（shuāi）伤以后，她的同桌心甘情愿地担负起接她上学的任务。

【心旷神怡】xīn kuàng shén yí

〈释义〉旷：开阔，开朗。怡：愉快。心胸开阔，精神愉悦。

〈造句〉站在长城上极目远眺（tiào），那景色令人心旷神怡。

【心领神会】xīn lǐng shén huì

〈释义〉领、会：领悟、理解。不用对方明说，心里就已经领会、理解了。

〈造句〉班长向王芳使了个眼色，她便心领神会，转身走出了教室。

【雄心壮志】xióng xīn zhuàng zhì

〈释义〉心：理想、抱负。志：志向，志愿。远大的理想，宏（hóng）伟的志愿。

〈造句〉我们从小就应该有勤奋好学、报效祖国的雄心壮志。

【忧心忡忡】yōu xīn chōng chōng

〈释义〉忡忡：忧虑不安的样

子。形容心事重重，忧愁不安的样子。

〈造句〉姐姐生病了，但检查的结果迟迟不出来，一家人忧心忡忡。

【语重心长】yǔ zhòng xīn cháng

〈释义〉言辞恳切，情意深长。

〈造句〉老师总是语重心长地开导鼓励我们要好好学习。

〈用法〉多用于指长辈（bèi）对晚辈的劝说、教育和嘱（zhǔ）咐（fù）等。

〈辨析〉见“苦口婆心”。

【真心实意】zhēn xīn shí yì

〈释义〉真实诚恳的心意。

〈造句〉在老师真心实意的关怀下，这个处处与老师做对的同学终于被感化了。

【忠心耿耿】zhōng xīn gěng gěng

〈释义〉耿耿：忠诚的样子。一片忠心。形容非常忠诚。

〈造句〉这位老革命家对党和人民的事业忠心耿耿，直到生命的最后一息。

〈辨析〉见“赤胆忠心”。

【做贼心虚】zuò zéi xīn xū

〈释义〉做了坏事总担心被人发现而心里不安。

〈造句〉他有些做贼心虚，都不敢用正眼看我。

肺

【肺腑之言】fèi fǔ zhī yán

〈释义〉肺腑：比喻内心。发自内心的话。

〈造句〉老师的一番肺腑之言，使我深受感动和教育。

〈用法〉形容说话真诚，多用于至亲好友之间。

【感人肺腑】gǎn rén fèi fǔ

〈释义〉肺腑：比喻内心。使人内心深受感动。

〈造句〉她的话虽然不多，但句句感人肺腑。

胆

【胆大包天】 dǎn dà bāo tiān

〈释义〉形容胆子特别大，什么都不怕。

〈造句〉这伙劫（jié）匪（fěi）真是胆大包天，光天化日之下竟敢抢劫银行。

【胆小如鼠】 dǎn xiǎo rú shǔ

〈释义〉胆子小得像老鼠一样。形容胆子非常小。

〈造句〉他从小就胆小如鼠，遇见事总是躲着走。

【胆战心惊】 dǎn zhàn xīn jīng

〈释义〉战：发抖。浑身发抖，心里非常害怕。

〈造句〉那天晚上爸妈都出去了，我一个人在家胆战心惊地过了一夜。

【肝胆相照】 gān dǎn xiāng zhào

〈释义〉肝胆：比喻真心诚意。相照：相互能照见。比喻对人忠诚，双方以真心相待。

〈造句〉经过这次劫（jié）难（nàn）后，他俩成了肝胆相照的好朋友。

【提心吊胆】 tí xīn diào dǎn

〈释义〉心和胆都悬（xuán）吊着。形容非常担心或害怕。

〈造句〉上学的路上车多人杂，爸妈整天提心吊胆的，生怕发生意外。

【闻风丧胆】 wén fēng sàng dǎn

〈释义〉闻：听到。风：风声，消息。听到一点风声就吓破了胆。形容对某种力量极端恐惧。

〈造句〉公安局长对犯罪疾恶如仇，破案有方，他的名字令歹徒闻风丧胆。

肠

【饥肠辘辘】 jī cháng lù lù

〈释义〉辘辘：形容车轮等滚（gǔn）动的声音。肚子饿得发出咕(gū)噜(lū)咕噜的响声。形容非常饥饿。

〈提示〉"辘"读 lù,"辘辘",形容车轮等滚动的声音,所以左偏旁是"车",不要写成"漉(lù)漉"。

〈造句〉等到我们走出大山的时候,每个人都已经饿得饥肠辘辘了。

【脑满肠肥】nǎo mǎn cháng féi

〈释义〉脑满:指肥头大耳。肠肥:指肚子大。形容不劳而获的人终日无所事事,吃得饱,养得胖。

〈造句〉这个脑满肠肥的贪官,最终受到了法律的严惩(chéng)。

〈用法〉多用于不劳而食或饱食终日的人。

【牵肠挂肚】qiān cháng guà dù

〈释义〉牵:拉。挂:悬(xuán)。形容非常挂念,放心不下。

〈造句〉妈妈对在外打工的姐姐总是牵肠挂肚,放心不下。

【铁石心肠】tiě shí xīn cháng

〈释义〉像铁和石头一样的心肠。形容人的心肠硬,不易为感情所动。

〈造句〉他这个铁石心肠的人都被感动得热泪盈(yíng)眶(kuàng)。

手

【爱不释手】ài bù shì shǒu

〈释义〉释:放下,放开。喜爱得舍不得放手。形容非常喜爱。

〈提示〉"释",读 shì。

〈造句〉《钢铁是怎样炼成的》写得就是好,许多人都爱不释手,读了不止一遍。

〈辨析〉爱不释手　手不释卷

它们都含有因喜爱而不肯放下的意思。"爱不释手"指因喜爱而不肯放手,喜爱的对象是拿在手里的一切东西;

"手不释卷"只用于对书的喜爱,它含有"勤奋读书、专心读书"的意思。

【碍手碍脚】ài shǒu ài jiǎo

〈释义〉碍:妨(fáng)碍。妨碍了别人的手脚。指妨碍别人做事,使别人感到不方便。

〈造句〉我在这里也帮不上忙,反而碍手碍脚的,还是让我干点别的吧。

【大打出手】dà dǎ chū shǒu

〈释义〉打出手:戏曲中一种武打技术,剧中主要人物与几个对手相打,形成种种武打场面。现形容凶狠地打人或相互殴(ōu)打。

〈造句〉同学之间应当和睦(mù)相处,绝不能为一点儿小事就大打出手。

〈用法〉含指责、批判意味。

【大显身手】dà xiǎn shēn shǒu

〈释义〉身手:本领。充分显示本领,充分发挥聪明才干。

〈造句〉他在这次演讲比赛中大显身手,夺得小学组第一名。

〈用法〉含勉励、期望意味。

【大手大脚】dà shǒu dà jiǎo

〈释义〉比喻用东西不节省(shěng),花钱随便。

〈造句〉他花钱大手大脚,总是还没到月末工资就花光了。

【得心应手】dé xīn yìng shǒu

〈释义〉应:配合。心里怎么想,手里就怎么做出来。形容技术熟练,运用自如或做事顺手。

〈提示〉"应",这里读 yìng,不读 yīng。

〈造句〉李老师画画可是得心应手,尤其画的虾栩(xǔ)栩如生。

〈用法〉多含称赞意味。

【举手之劳】jǔ shǒu zhī láo

〈释义〉举一下手的劳动。比

喻毫不费力。

〈造句〉这点儿活儿对我来说不过是举手之劳，您不用客气。

【两手空空】liǎng shǒu kōng kōng

〈释义〉两只手里什么都没有。形容一无所有。

〈造句〉叔叔吃不了苦，外出打工两年后，回家还是两手空空。

【毛手毛脚】máo shǒu máo jiǎo

〈释义〉毛：行动慌忙，不细致。形容人做事粗心大意，不稳重。

〈造句〉这孩子做事总是毛手毛脚的，让人不放心。

【妙手回春】miào shǒu huí chūn

〈释义〉妙手：指技艺高超的人。回春：使春天又回来。形容医生医术高超，能把垂危的病人治好。

〈造句〉是张医生妙手回春，给了我第二次生命。

〈用法〉多用于对医生的赞美。

【拍手称快】pāi shǒu chēng kuài

〈释义〉拍手欢呼表示痛快。形容大家高兴愉快的样子。

〈造句〉听到这个盗（dào）窃（qiè）团伙被抓获的消息，大家无不拍手称快。

【手无寸铁】shǒu wú cùn tiě

〈释义〉寸：极短。铁：武器。手里没有任何武器。

〈造句〉他虽然手无寸铁，但面对罪犯毫无畏惧。

〈辨析〉见“赤手空拳”。

【手忙脚乱】shǒu máng jiǎo luàn

〈释义〉手和脚都十分忙乱，形容因着急而做事忙乱，毫无条理。

〈造句〉听见妈妈回来的声音，她手忙脚乱地关掉电视机，拿出课本假装在学习。

〈辨析〉见“七手八脚”。

【手舞足蹈】shǒu wǔ zú dǎo

〈释义〉舞：挥（huī）动。蹈：跳动。双手挥舞，双脚跳动。形容高兴到极点的样子。

〈造句〉听说要组织“夏令营”，大家高兴得手舞足蹈。

〈用法〉用于形容人高兴的样子或得意时的狂态。

【手足无措】shǒu zú wú cuò

〈释义〉措：安放。手脚不知放在哪里才好。形容由于惊慌，不知如何是好。

〈提示〉“措”，读 cuò，表示安放，左边是“扌”，不要写成“钅”。

〈造句〉小偷面对小区保安的盘问，顿时显得手足无措。

〈辨析〉见“束手无策”。

【束手无策】shù shǒu wú cè

〈释义〉束手：捆（kǔn）住手。无策：没有办法。像捆住手一样，一点儿办法也没有。

〈造句〉看着整日沉溺（nì）于网吧的儿子，心急如焚（fén）的父母已经到了束手无策的地步。

〈辨析〉束手无策　手足无措

它们都含有不知道怎么办才好的意思。“束手无策”偏重在毫无办法，“手足无措”偏重在慌乱。

【缩手缩脚】suō shǒu suō jiǎo

〈释义〉缩：收缩。把手脚缩进去。形容胆小怕事，顾虑多，做事情不敢大胆地做。

〈造句〉他做事总是缩手缩脚的，难有大的作为。

【唾手可得】tuò shǒu kě dé

〈释义〉唾手：往手上吐唾沫（mo）。形容非常容易得到。

〈造句〉面对唾手可得的荣誉，他却毅然放弃，让给了别人。

【袖手旁观】xiù shǒu páng guān

〈释义〉袖手：把手藏（cáng）

在袖子里。把手放在袖子里在一旁观看。形容置身事外，不参与不过问，或不帮助别人。

〈造句〉现在灾区人民有困难，我们绝不能袖手旁观。

〈用法〉多用于别人需要帮助或应该过问的场合。

【游手好闲】yóu shǒu hào xián

〈释义〉游手：闲着手不做事。形容游荡懒(lǎn)散，不肯劳动。

〈造句〉自从辍(chuò)学后，他便整天在外面游手好闲，惹是生非。

【指手画脚】zhǐ shǒu huà jiǎo

〈释义〉说话时手脚做出各种动作。形容说话放肆，狂妄自大的样子。也作“指手划脚”。

〈造句〉他刚当上班长，就对大家指手画脚，显出不可一世的样子。

掌

【孤掌难鸣】gū zhǎng nán míng

〈释义〉孤：单独的。掌：手掌。鸣：发出声响。一个巴掌拍不响。比喻一个人的力量单薄(bó)，难以成事。

〈造句〉独木难支，孤掌难鸣，只有大家团结起来，才能战胜困难。

【了如指掌】liǎo rú zhǐ zhǎng

〈释义〉了：了解，明白。指掌：指着手掌。了解得就像指着手掌上的东西给人看一样。形容对人或事物了解得非常清楚。

〈造句〉我和马丽是同桌，我对她在学校的情况了如指掌。

【易如反掌】yì rú fǎn zhǎng

〈释义〉易：容易。如：好像。反掌：翻一下手掌。像翻转手掌那样容易。形容非常容易。

〈造句〉完成这套试卷，对他来

说易如反掌。

【掌上明珠】 zhǎng shàng míng zhū
〈释义〉放在手掌上的明珠。比喻特别喜爱的人。特指父母特别宠(chǒng)爱的女儿。
〈造句〉玉儿聪明乖巧,是她父母的掌上明珠。

指

【屈指可数】 qū zhǐ kě shǔ
〈释义〉屈:弯曲。指:手指。扳(bān)着手指头就能够数清楚。形容数量很少。
〈提示〉"数",这里读 shǔ,不读 shù。
〈造句〉今天下大雪,路上的车屈指可数。
〈用法〉专用于形容数目不多,用手指就可以算出来的情景。

【首屈一指】 shǒu qū yì zhǐ
〈释义〉首:首先。屈:弯曲。一指:大拇(mǔ)指。屈指计算时,首先弯曲大拇指。表示第一,居首位。
〈提示〉"首"(shǒu),表示"首先",不要写成"手"。
〈造句〉小英的学习成绩在班上首屈一指。

拳

【赤手空拳】 chì shǒu kōng quán
〈释义〉赤:空无所有。两手空空,什么东西也没有。
　　①指手中没有任何武器。
〈造句〉武松赤手空拳,将猛虎活活打死。
　　②比喻一无所有,毫无凭借。
〈造句〉二十年前,他孤身一人来到上海赤手空拳打天下。
〈辨析〉赤手空拳　手无寸铁
　　它们都可以表示手里没有任何武器。"赤手空拳"还可以比喻毫无凭借和依靠;"手无寸铁"只表示打斗时手中没有武器。

【摩拳擦掌】mó quán cā zhǎng

〈释义〉摩擦拳头和手掌。形容精神振奋，跃跃欲试的样子。

〈造句〉篮球比赛还未开始，小队员们就个个摩拳擦掌，跃跃欲试了。

〈用法〉多用于形容特别想做某种事情。

〈辨析〉见“跃跃欲试”。

【拳打脚踢】quán dǎ jiǎo tī

〈释义〉用拳头打，用脚踢。多用来形容任意殴(ōu)打。

〈造句〉不管孩子犯了什么错误，做家长的都不该拳打脚踢。

膝

【卑躬屈膝】bēi gōng qū xī

〈释义〉卑躬：低下头，弯下腰。屈膝：下跪(guì)。形容没有骨气，低声下气地讨好奉(fèng)承(chéng)别人。也说“卑躬屈节”。

〈造句〉每当看到电视剧中那些卑躬屈膝的汉奸走狗，我就非常气愤。

【促膝谈心】cù xī tán xīn

〈释义〉促：靠近。膝：膝盖。膝盖靠近膝盖，亲密地谈着心里话。

〈造句〉通过这次促膝谈心，他们俩人加深了了解，增进了友谊。

足

【捷足先登】jié zú xiān dēng

〈释义〉捷：快，敏捷。足：脚，这里指脚步。指行动快的人先达到目的。

〈造句〉我看上的那件衣服被小敏捷足先登买走了。

【削足适履】xuē zú shì lǚ

〈释义〉削：用刀平切或斜切。足：脚。适：适应，适合。履：鞋子。把脚削去一块儿以便

适应鞋子的大小。比喻不合理的迁就或生搬硬套。

〈提示〉“削”，这里读 xuē，不读 xiāo。

〈造句〉对他的毛病如果用削足适履的办法去迁就，实际是在害他。

〈用法〉比喻做事笨（bèn）拙（zhuō）、愚（yú）蠢（chǔn）。

【趾高气扬】 zhǐ gāo qì yáng

〈释义〉趾：脚。走路时脚抬得很高，神气十足。形容骄（jiāo）傲（ào）自大，得意忘形的样子。

〈提示〉“趾（zhǐ）”，表示脚或脚指头，左偏旁是“⻊”。

〈造句〉她老是趾高气扬，目中无人，因此受到了大家的冷落。

【足不出户】 zú bù chū hù

〈释义〉足：脚。户：门。脚不迈出家门。指呆在家里不出门。

〈造句〉有了电视，人们足不出户就可以了解世界大事了。

二、涉神貌

体貌

【白发苍苍】bái fà cāng cāng

〈释义〉苍:灰白色。头发已经灰白了,形容老人头发花白的样子。

〈造句〉迎面走来一位白发苍苍、步履(lǚ)艰难的老人。

【遍体鳞伤】biàn tǐ lín shāng

〈释义〉满身的伤痕(hén)像鱼鳞一样密。形容伤势很重。

〈提示〉“鳞”,读 lín,指鱼鳞,左偏旁是“鱼”。

〈造句〉那个阿姨居然会把自己的孩子打得遍体鳞伤,真令人难以置(zhì)信。

〈用法〉多用于遭到毒打。

【骨瘦如柴】gǔ shòu rú chái

〈释义〉瘦得像干柴一样。形容消瘦到了极点。

〈造句〉常年饥荒,使这一地区的许多孩子骨瘦如柴。

【鹤发童颜】hè fà tóng yán

〈释义〉鹤发:白头发。童颜:面色红润(rùn)。像白鹤羽毛一样雪白的头发,像孩童一样红润的面色。形容老年人气色好,精神旺盛。

〈提示〉“发”,这里读 fà,不读 fā。

〈造句〉公园里那些鹤发童颜的老人正在晨练。

〈用法〉多形容老年人身体健康,精力旺盛。

【老态龙钟】lǎo tài lóng zhōng

〈释义〉龙钟:行动不灵便的样子。形容年老体弱,行动不灵便的样子。也说“龙钟老态”。

〈造句〉李奶奶已经八十多岁了,可没有一点儿老态龙钟的样子。

【面黄肌瘦】miàn huáng jī shòu

〈释义〉脸色发黄,身体消瘦。形容人营养不良或生病而瘦

弱的样子。

〈造句〉这个孩子面黄肌瘦，看上去有些营养不良。

【西装革履】xī zhuāng gé lǚ

〈释义〉履：鞋。身着西装，脚穿皮鞋。多形容人的穿着打扮有风度。

〈造句〉这时，从车上下来一位西装革履的中年人。

【衣冠楚楚】yī guān chǔ chǔ

〈释义〉冠：帽子。楚楚：鲜明，整洁。形容穿戴整齐漂亮。

〈造句〉别看他外表衣冠楚楚、义表堂堂，实际上有很多不良习惯。

【衣衫褴褛】yī shān lán lǚ

〈释义〉褴褛：指衣服破烂。形容身上衣服破烂不堪（kān），生活极其贫困。

〈提示〉“褴褛”（lán lǚ），指衣服破烂，跟衣服有关，所以左边都是“衤”。

〈造句〉这位衣衫褴褛的老人，竟然把捡到的两万元钱送到了派出所。

神情

【暴跳如雷】bào tiào rú léi

〈释义〉暴：过分急躁（zào）的，容易冲动的。跳起来喊叫像打雷一样猛烈。形容大怒的样子。

〈造句〉爸爸脾气不好，往往为了一点儿小事就暴跳如雷。

【勃然大怒】bó rán dà nù

〈释义〉勃然：突然变脸色的样子。突然变了脸色，大发脾（pí）气。

〈造句〉听了女儿的哭诉，他勃然大怒，决定立刻去找女婿（xù）算账。

【不慌不忙】bù huāng bù máng

〈释义〉说话做事不慌张，不忙

乱。形容从容镇定。

〈造句〉他不慌不忙地走上演讲台，开始了精彩的演讲。

【不以为然】 bù yǐ wéi rán

〈释义〉然：是，对。不认为是对的。表示不同意。

〈造句〉对大家的批评，不应采取不以为然的态度。

【馋涎欲滴】 chán xián yù dī

〈释义〉涎：口水。馋得口水都要滴下来了。

〈提示〉“涎”，读 xián，不读 yán，表示口水，左偏旁是“氵”。

〈造句〉看着满桌的山珍海味，客人还没到，我早已馋涎欲滴了。

【沉默寡言】 chén mò guǎ yán

〈释义〉寡：少。不声不响，很少说话。

〈造句〉姐妹俩性格相反：一个乐观开朗，一个沉默寡言。

【大吃一惊】 dà chī yì jīng

〈释义〉形容非常吃惊。

〈造句〉她开门一看，屋内的场景令她大吃一惊。

【大摇大摆】 dà yáo dà bǎi

〈释义〉走路时身体摇摇摆摆。形容傲慢自大或满不在乎的样子。

〈造句〉他们砸了人家店铺，竟然大摇大摆地扬长而去。

【得意忘形】 dé yì wàng xíng

〈释义〉得意：称心满意。指人因高兴过度，控制不住自己而失去常态。

〈造句〉这次取得的成绩值得庆贺，但不能得意忘形，还要进一步努力。

〈辨析〉见“得意洋洋”。

【高谈阔论】 gāo tán kuò lùn

〈释义〉原指见解高深、范围广泛的言论。现多指不切实际、不着边际地空发议论。

〈造句〉老师来时，他正在教室里高谈阔论。

【横冲直撞】héng chōng zhí zhuàng

〈释义〉到处乱冲乱撞。形容任意冲撞，没人能阻拦。

〈造句〉这头受惊的水牛，在大街上横冲直撞。

【欢天喜地】huān tiān xǐ dì

〈释义〉形容非常快乐、高兴。

〈造句〉昨天，全家人欢天喜地地搬进了新居。

【欢欣鼓舞】huān xīn gǔ wǔ

〈释义〉欢欣：快乐、兴奋。形容非常高兴，非常振（zhèn）奋。

〈提示〉“欣”（xīn），不要写作“心”。

〈造句〉北京奥运会的成功，令全国人民欢欣鼓舞。

【欢声笑语】huān shēng xiào yǔ

〈释义〉欢声：欢快的声音。笑语：谈笑。欢快、喜悦的说笑声。

〈造句〉除夕之夜，家家户户充满了团聚的欢声笑语。

【惶恐不安】huáng kǒng bù ān

〈释义〉惊恐害怕，十分不安。

〈提示〉“惶”，读 huáng，指心神不定，跟人的心情有关，左偏旁是“忄”。

〈造句〉他鼓足勇气向老师承认了错误，不再是整天惶恐不安了。

【恍然大悟】huǎng rán dà wù

〈释义〉恍然：忽然醒悟的样子。悟：醒悟、明白。一下子醒悟、明白过来。

〈造句〉经过她这一提醒，我不由得恍然大悟。

【惊恐万状】jīng kǒng wàn zhuàng

〈释义〉万状：多种样子。由于突然惊慌恐惧而出现各种情态。

〈造句〉老虎突然冲向正在吃草的羊，吓得羊群惊恐万状，四散逃跑。

【惊慌失措】jīng huāng shī cuò

〈释义〉失措：举止失去常态，形容因惊恐、慌乱而举止失去常态。

〈造句〉当火灾发生时，屋内的旅客惊慌失措地向外跑。

【聚精会神】jù jīng huì shén

〈释义〉聚：聚集。会：集中。集中全部精神。形容注意力高度集中。

〈造句〉夜已经很深了，可哥哥仍在灯下聚精会神地学习。

〈辨析〉聚精会神　专心致志

它们都含有一心一意，精神集中的意思。“聚精会神”只用于短暂(zàn)的活动和具体的动作；“专心致志”不仅用于短暂的活动和具体的动作，还可用于长久活动和长远的目标。“专心致志”还有把兴趣全部放上去的意思，而“聚精会神”没有这种意思。

【怒发冲冠】nù fà chōng guān

〈释义〉冲：顶。冠：帽子。愤怒得头发直竖起来，顶起了帽子。形容愤怒到了极点。

〈提示〉“发”，这里读 fà，指头发，不读 fā。“冠”，这里读 guān，指帽子，不读 guàn。

〈造句〉得知抢劫团伙疯狂做案，公安局长不禁怒发冲冠，拍案而起。

〈用法〉多指激于义愤。

【怒不可遏】nù bù kě è

〈释义〉遏：阻止。愤怒得无法控制。

〈造句〉是他欺人太甚(shèn)，让人怒不可遏，所以才打了他。

【面如土色】miàn rú tǔ sè

〈释义〉脸色像泥土的颜色一样。形容害怕到了极点。

〈造句〉面对穷凶极恶的歹徒，小姑娘吓得缩在墙角，面如土色。

【迫不及待】pò bù jí dài

〈释义〉迫：急迫。急迫得不能等待。形容心情十分迫切。

〈提示〉“及”（jí），不要写作“着急”的“急”。

〈造句〉动画片快开始了，他一进屋就迫不及待地打开电视机。

【全神贯注】quán shén guàn zhù

〈释义〉神：精神。贯注：集中投入。全部精神集中到一点。指注意力高度集中。

〈造句〉聂（niè）耳全神贯注地吹着笛子，雨点落到身上他都没有觉察（chá）到。

〈用法〉用于形容人注意力集中时的神态。

【神气十足】shén qì shí zú

〈释义〉神气：得意或傲（ào）慢的神情。形容摆出一副十分得意或傲慢的样子。

〈造句〉赛场上，小选手们个个神气十足。

【神气活现】shén qì huó xiàn

〈释义〉神气：得意或傲慢的神情。活现：逼真地显示出来。形容自以为了不起而表现出得意或傲慢的样子。

〈造句〉看他那神气活现的样子，就知道这次考试成绩一定不错。

【神采飞扬】shén cǎi fēi yáng

〈释义〉神采：人面部的神气和光彩。飞扬：昂（áng）扬，振（zhèn）奋。形容精神饱满，神情振奋。

〈造句〉合唱团演员个个精神饱满、神采飞扬，一亮相就博得热烈掌声。

〈辨析〉见“神采奕奕”。

【神出鬼没】shén chū guǐ mò

〈释义〉出：出现。没：消失。

像鬼神一样来无影去无踪。现在多用来比喻行动出没无常，不可捉摸。

〈提示〉“没”，这里读 mò，不读 méi。

〈造句〉这个人整天神出鬼没的，引起了邻居的怀疑。

【忐忑不安】 tǎn tè bù ān

〈释义〉忐忑：心神不定。形容心神不安定。

〈造句〉妹妹放学没有按时回家，奶奶心里忐忑不安地在楼前等候。

〈辨析〉见“七上八下”。

【痛哭流涕】 tòng kū liú tì

〈释义〉痛：尽情地。涕：眼泪。形容哭得非常伤心的样子。

〈造句〉他面对众人的谴(qiǎn)责，后悔得痛哭流涕。

【无精打采】 wú jīng dǎ cǎi

〈释义〉精：精神。采：神采，兴致。没有精神和兴致。形容精神不振作，情绪低落的样子。也说“没精打采”。

〈造句〉感冒的滋(zī)味真难受，一整天我都无精打采的。

【喜出望外】 xǐ chū wàng wài

〈释义〉望外：出乎意料。遇到出乎意料的喜事而特别高兴。

〈造句〉让他喜出望外的是，被盗的汽车几个小时就让警察给找了回来。

〈辨析〉见“欣喜若狂”。

【笑容可掬】 xiào róng kě jū

〈释义〉掬：用两手捧(pěng)。满面笑容，好像可以用手捧起来。形容满脸笑容的样子。

〈造句〉每次去李阿姨家，她都是笑容可掬地让我们多玩会儿。

〈用法〉多用来形容人满脸带着开朗的笑容。高兴的心情不加以掩(yǎn)饰(shì)。

【笑逐颜开】xiào zhú yán kāi

〈释义〉逐：追赶。颜：脸面。形容满脸堆笑，非常高兴的样子。

〈造句〉今年西瓜大丰收，瓜农们个个笑逐颜开。

〈用法〉用来形容人满脸笑容的表情和愉悦的心情。

【欣喜若狂】xīn xǐ ruò kuáng

〈释义〉欣喜：快乐，高兴。若：好像。狂：发狂。高兴得像发了疯（fēng）一样。形容高兴到了极点。

〈造句〉听到班级足球比赛在校运动会上夺冠的消息，同学们个个欣喜若狂。

〈辨析〉欣喜若狂　喜出望外

它们都表示十分高兴。“欣喜若狂”形容高兴得像发疯一样，“喜出望外”指意外的高兴。

【兴高采烈】xìng gāo cǎi liè

〈释义〉兴：兴致。采：神采，情绪。形容兴致高，情绪热烈。

〈造句〉在老师的带领下，同学们兴高采烈地去博物馆参观。

〈用法〉多形容人的情绪欢快、喜悦的场面。

〈辨析〉见“兴致勃勃”。

【形影不离】xíng yǐng bù lí

〈释义〉形：指身体。影：影子。像身体和影子那样分不开。形容彼此关系亲密，时时刻刻都在一起。

〈造句〉小时候，她们俩是形影不离的好朋友。

【幸灾乐祸】xìng zāi lè huò

〈释义〉幸、乐：庆幸、高兴。看到别人遭遇灾祸，不但不帮助，反而感到高兴。

〈造句〉在别人遇到不幸时，我们要予以同情和帮助，而不是幸灾乐祸。

〈用法〉多指见别人遭到灾难

时自己庆幸的心情。

【语无伦次】yǔ wú lún cì

〈释义〉伦次：条理次序。指人说话颠（diān）三倒（dǎo）四，没有条理。

〈造句〉由于过度紧张，我把原本背得滚瓜烂熟的台词却说得语无伦次。

三、涉动物

鼠

【抱头鼠窜】bào tóu shǔ cuàn

〈释义〉抱着头像老鼠那样惊慌逃窜。形容受到打击后狼狈(bèi)逃跑时的样子。

〈造句〉敌人被我军打得落花流水，抱头鼠窜。

〈用法〉多用于形容敌人、坏人。

【老鼠过街】lǎo shǔ guò jiē

〈释义〉老鼠窜过大街。比喻痛恨坏人像痛恨过街的老鼠一样。

〈造句〉对社会上的丑恶现象，要做到“老鼠过街，人人喊打”，社会风气才会越来越好。

〈用法〉多用来比喻危害社会的坏人坏事。常与“人人喊打”连用。

【鼠目寸光】shǔ mù cùn guāng

〈释义〉老鼠的眼睛只能看一寸远。形容人目光短浅，没有远见。

〈造句〉他的设想很有远见卓识，绝非鼠目寸光。

〈用法〉多用于人的见识方面。

【投鼠忌器】tóu shǔ jì qì

〈释义〉忌：顾忌。要扔东西打老鼠，又担心打坏了它旁边的器物。比喻想打击某人，而又有所顾忌，不敢下手。

〈造句〉打击贪官污吏不能胆怯，也不能投鼠忌器。

【贼眉鼠眼】zéi méi shǔ yǎn

〈释义〉形容神情鬼(guǐ)鬼祟(suì)祟或相貌不像好人。

〈造句〉这个贼眉鼠眼、东张西望的家伙，一看就不像好人。

【獐头鼠目】zhāng tóu shǔ mù

〈释义〉獐子的头又小又尖，老鼠的眼睛又小又圆。多形容人面貌丑陋(lòu)，神情狡(jiǎo)诈(zhà)。

〈造句〉这个人长得獐头鼠目，

一看就心术不正。

牛

【初生牛犊不怕虎】 chū shēng niú dú bù pà hǔ

〈释义〉犊：牛犊，小牛。刚出生的牛犊不害怕老虎。比喻年轻人胆子大，敢作敢为。

〈造句〉这帮年轻人敢于创新，真有股初生牛犊不怕虎的冲(chòng)劲儿。

【多如牛毛】 duō rú niú máo

〈释义〉多得像牛身上的毛一样。形容非常多。

〈造句〉对互联网上多如牛毛的各种信息，我们不能盲目的都相信。

【汗牛充栋】 hàn niú chōng dòng

〈释义〉汗牛：使牛累得出汗。充栋：装满屋子。书很多，若是用牛运书，使牛累得出汗；若是存放在室内可装满屋子。形容藏书特别多。

〈提示〉"栋"(dòng)，指房屋，不要写作"洞"。

〈造句〉李教授的藏书很多，真称得上是汗牛充栋。

【老牛破车】 lǎo niú pò chē

〈释义〉老牛拉着破车。比喻做事效率低，速度慢。

〈造句〉要想出色地完成任务，这台老牛破车似的电脑该下岗了。

【目无全牛】 mù wú quán niú

〈释义〉目：眼睛。全：完整的。古时候有个厨(chú)师，最初杀牛的时候，眼里看到整个的牛。等技术纯熟了以后，解剖(pōu)牛的肢体时，看到的是各个部位的皮骨间隙，而看不到整个的牛了。眼里看不到完整的牛。比喻技艺达到极其熟练的程度。

〈造句〉别看他年纪轻，但雕(diāo)刻技艺纯熟，已达到炉火纯青、目无全牛的境界了。

【泥牛入海】ní niú rù hǎi

〈释义〉泥牛：用泥做的牛。入：进入。泥做的牛一进入大海就会化掉。比喻一去不复返。

〈造句〉寻亲的信倒是寄出不少，可都如泥牛入海，至今不见一点回音。

【牛鬼蛇神】niú guǐ shé shén

〈释义〉长着牛头的鬼和长着蛇身子的神。泛指妖(yāo)魔(mó)鬼怪。现多比喻形形色色的坏人。

〈造句〉那些扰乱社会治安的牛鬼蛇神，最终都被绳之以法。

【牛头马面】niú tóu mǎ miàn

〈释义〉牛头、马面：佛教指地狱(yù)里的两个狱卒(zú)，一个头像牛，一个脸像马。比喻各种丑恶阴险的坏人。

〈造句〉这帮牛头马面、心狠手辣的人，尽干伤天害理的事。

【庖丁解牛】páo dīng jiě niú

〈释义〉庖丁：厨(chú)师。解：剖(pōu)开，分开。古时候庖丁为文惠王宰牛，技术纯熟，牛刀在骨缝间运用自如。比喻掌握了事物客观规律的人技术高超，做事得心应手。

〈提示〉"庖"，读 páo。

〈造句〉李老师拆装电脑犹如庖丁解牛。

虎

【藏龙卧虎】cáng lóng wò hǔ

〈释义〉龙、虎：比喻人才。睡卧着的龙和虎。比喻潜(qián)藏不露的人才或英雄。

〈造句〉我的家乡是个人杰地灵、藏龙卧虎的地方。

【调虎离山】diào hǔ lí shān

〈释义〉设法使老虎离开原来的山头。比喻设计使对方离开原来的地方，以便乘机行事。

〈造句〉警察用调虎离山计把歹徒支开，再搜查证据。

【饿虎扑食】 è hǔ pū shí

〈释义〉像饥饿的老虎猛扑向食物一样。比喻动作迅猛。

〈造句〉他突然来个饿虎扑食，一下子将歹徒按倒在地。

【放虎归山】 fàng hǔ guī shān

〈释义〉把老虎放回山林。比喻把坏人放走，从而留下祸根。

〈造句〉对歹徒决不能手软，放虎归山必留后患(huàn)。

【虎视眈眈】 hǔ shì dān dān

〈释义〉眈眈：注视的样子。像老虎即将扑向食物那样凶狠贪婪(lán)地看着。形容恶狠狠地盯着，等待时机下手。

〈提示〉“眈”，读 dān。

〈造句〉草丛里，一头狮子正对不远处一只离群的小鹿虎视眈眈。

【虎口拔牙】 hǔ kǒu bá yá

〈释义〉到老虎嘴里拔牙。比喻进入非常危险的地方除掉有害的人或物。

〈造句〉武工队深入敌后，犹如虎口拔牙，捣毁了敌人的指挥部。

【虎口逃生】 hǔ kǒu táo shēng

〈释义〉从老虎嘴里逃出来。比喻遭遇了极大的危险而逃离险境。也说“虎口余生”。

〈造句〉他机智的与敌人周旋，最终得以虎口逃生。

〈用法〉多用于经历了很大危险而保住了性命。

【虎踞龙盘】 hǔ jù lóng pán

〈释义〉踞：蹲(dūn)。像蹲着的虎，像盘着的龙。形容地势十分险要。也说“龙盘虎踞”。

〈提示〉“踞”，读 jù，左偏旁是“𧾷”。

〈造句〉南京城虎踞龙盘，地势

险要，历来为兵家必争之地。

【狼吞虎咽】láng tūn hǔ yān

〈释义〉像狼和虎那样吞咽食物。形容吃东西又急又猛的样子。

〈造句〉我们狼吞虎咽，一会儿就把一桌饭菜吃干净了。

〈用法〉多用于形容吃东西时的样子。

【两虎相斗】liǎng hǔ xiāng dòu

〈释义〉两只老虎相互打斗。比喻两雄相争，心然会有一方受伤。

〈造句〉“两虎相斗，必有一伤”，我看你们俩还是讲和吧。

〈用法〉常与“必有一伤”连用。

【骑虎难下】qí hǔ nán xià

〈释义〉骑在老虎背上难以下来。比喻做事中途遇到困难，但迫于形势又不能停下。

〈造句〉对你现在骑虎难下的困境我很同情，但却无能为力。

【前怕狼，后怕虎】qián pà láng，hòu pà hǔ

〈释义〉向前走害怕狼，向后退害怕虎。比喻胆小怕事畏缩不前。

〈造句〉你总是前怕狼，后怕虎的，那什么也干不成。

【敲山震虎】qiāo shān zhèn hǔ

〈释义〉故意敲击山林，让老虎受惊。比喻故意制造声势，来惊动对方。

〈造句〉公安部门加大对盗窃团伙的打击力度，对各种犯罪分子起到了敲山震虎的作用。

【如虎添翼】rú hǔ tiān yì

〈释义〉翼：翅(chì)膀(bǎng)。好像老虎添了翅膀。比喻力量本来就很强的一方，得到新的帮助后，变得更加强大。

〈造句〉有你们两人参加，我们球队真是如虎添翼。

【如狼似虎】 rú láng sì hǔ

〈释义〉像狼和虎那样。原形容非常勇猛。现多形容凶狠残暴。

〈提示〉“似”，这里读 sì，意思是像，好像。

〈造句〉这伙歹徒如狼似虎，横行乡里，可把老百姓害苦了。

【生龙活虎】 shēng lóng huó hǔ

〈释义〉富有生气的龙，充满活力的虎。比喻人活泼矫(jiǎo)健(jiàn)，充满活力。

〈造句〉篮球场上，同学们生龙活虎，朝气蓬勃。

【谈虎色变】 tán hǔ sè biàn

〈释义〉原指曾被老虎咬伤过的人，一说起老虎就吓得变了脸色。现比喻一提起害怕的事物，就情绪紧张，吓得连脸色都变了。

〈造句〉铁道游击队有勇有谋，一提起他们，敌人就谈虎色变。

兔

【狡兔三窟】 jiǎo tù sān kū

〈释义〉窟：洞穴。狡猾的兔子有三个藏身的洞穴。比喻人为了自身的安全而设有多个藏身的地方，以便躲避(bì)灾难。

〈提示〉“窟”，读 kū，下面是“屈”。

〈造句〉尽管犯罪分子狡兔三窟，但最终还是全部落入法网。

【守株待兔】 shǒu zhū dài tù

〈释义〉株：露在地面上的树桩(zhuāng)。守在树桩旁，等着捡撞死的兔子。比喻死守经验，不知变通。也用以讽刺妄想不劳而获的侥幸心理。

〈提示〉“株”，读 zhū，指树桩，左偏旁是“木”。

〈造句〉任何成就的取得都是积极努力得来的，不是靠守株待兔等来的。

【兔死狗烹】tù sǐ gǒu pēng

〈释义〉烹：煮（zhǔ）。兔子一死，猎狗就被煮吃了。比喻事情成功之后，就遗弃或杀掉那些有功劳的人。

〈提示〉“烹”，读 pēng，上面是“亨”（hēng），不要写成“享（xiǎng）受”的“享”。

〈造句〉历史上，明太祖朱元璋（zhāng）兔死狗烹，诛杀群臣的事骇（hài）人听闻。

【兔死狐悲】tù sǐ hú bēi

〈释义〉兔子死了，狐狸感到悲伤。比喻因同类的死亡或不幸而感到悲伤。

〈造句〉看到自己团伙成员已经落网，他不免兔死狐悲。

龙

【笔走龙蛇】bǐ zǒu lóng shé

〈释义〉笔一挥动就呈现出龙蛇游走的姿态。形容书法笔势生动而有气势。

〈造句〉他的书法，真可谓是笔走龙蛇，大气磅礴（páng bó）。

【龙飞凤舞】lóng fēi fèng wǔ

〈释义〉像龙一样飞腾，像凤一样飞舞。原形容气势奔放雄伟。现多形容书法笔势飘逸（yì）多姿。

〈造句〉他的书法笔力雄劲，龙飞凤舞。

【龙潭虎穴】lóng tán hǔ xué

〈释义〉潭：深水池，深水坑。穴：洞穴。龙藏身的深潭，虎栖（qī）息的巢（cháo）穴。比喻极其危险的地方。

〈提示〉“穴”，读 xué，不读 xuè。

〈造句〉为了打击贩毒团伙，他深入龙潭虎穴做卧底。

【龙争虎斗】lóng zhēng hǔ dòu

〈释义〉像巨龙和猛虎相互争斗一样。形容双方势均力敌，斗争或竞赛十分激烈。

〈造句〉武术擂台上，龙争虎斗，险象环生。

【龙腾虎跃】lóng téng hǔ yuè

〈释义〉腾：飞腾。跃：跳跃。像龙一样飞腾，像虎一样跳跃。形容动作灵活、矫（jiǎo）健（jiàn），充满活力。

〈造句〉运动场上，孩子们龙腾虎跃，朝气蓬勃。

【望子成龙】wàng zǐ chéng lóng

〈释义〉龙：传说中能兴云作雨的神异动物，人们常把它作为帝王的象征，比喻才能出众的人。盼望子女能成为出类拔萃（cuì）的人物。

〈造句〉王阿姨望子成龙心切，每天强迫儿子学习到深夜。

蛇

【杯弓蛇影】bēi gōng shé yǐng

〈释义〉把酒杯中映出的弓影错当作蛇。比喻疑神疑鬼，自己吓唬（hǔ）自己。

〈造句〉他受到刺激，常常杯弓蛇影，自相惊扰（rǎo）。

〈用法〉多形容人疑心重，精神敏感。

【打草惊蛇】dǎ cǎo jīng shé

〈释义〉打草时惊动了藏在草丛中的蛇。原指惩罚甲而使乙惊恐。后多比喻行动不谨（jǐn）慎（shèn）而使对方有所觉察和防范。

〈造句〉如果走漏（lòu）了风声，打草惊蛇，犯罪嫌（xián）疑人就可能潜（qián）逃。

【虎头蛇尾】hǔ tóu shé wěi

〈释义〉头像虎头一样大，尾巴像蛇尾一样细。比喻做事有头无尾，起初声势很大，后来便无声无息，没有结果。

〈造句〉这件事我们一定要做成功，决不能虎头蛇尾。

【画蛇添足】huà shé tiān zú

〈释义〉足：脚。在画好的蛇上

添上脚。比喻做了多余的事，不但无益，反而有害。

〈造句〉你这么做简直就是画蛇添足，多此一举。

【蛇蝎心肠】shé xiē xīn cháng

〈释义〉像蛇和蝎子一样狠毒的心肠。形容人心肠狠毒。

〈造句〉这个年轻的母亲真是蛇蝎心肠，竟对自己的孩子下毒手。

马

【兵强马壮】bīng qiáng mǎ zhuàng

〈释义〉士兵和战马都很强壮。形容军队实力强，富有战斗力。

〈造句〉我们的球队兵强马壮，保证能赢。

【兵荒马乱】bīng huāng mǎ luàn

〈释义〉兵、马：指战争。荒、乱：指社会秩序不安定。

〈造句〉在那个兵荒马乱的年月，老百姓纷纷背井离乡，四处逃难(nàn)。

【车水马龙】chē shuǐ mǎ lóng

〈释义〉车络绎不绝有如流水，马首尾相接好似游龙。形容车马往来不绝、繁华热闹的情景。

〈造句〉每到赶集日，大街上人来人往，车水马龙。

【单枪匹马】dān qiāng pǐ mǎ

〈释义〉一杆枪一匹马，指一个人上阵。比喻不依靠别人的帮助，单独行动。

〈造句〉他单枪匹马白手起家，能有现在的成就真不容易。

【高头大马】gāo tóu dà mǎ

〈释义〉体形高大的马匹。

〈造句〉只见一位英雄少年骑着高头大马，在人群中十分显眼。

【害群之马】hài qún zhī mǎ

〈释义〉危害马群的坏马。比

喻危害集体的人。

〈造句〉班级里出了这样一个害群之马，使班主任伤透了脑筋。

【汗马功劳】hàn mǎ gōng láo

〈释义〉汗马：累出汗的战马。原指在战争中立下的功劳，现指工作中作出的巨大贡(gòng)献。

〈造句〉这些老一辈革命家，都曾为祖国的解放事业立下过汗马功劳。

〈用法〉多用来指作战有功或其他立下大功劳的人。

【金戈铁马】jīn gē tiě mǎ

〈释义〉戈：古代的一种兵器。金戈：金属制的戈。铁马：披着铁甲的战马。握着金戈，骑着铁马。比喻战争或戎(róng)马生涯(yá)。

〈提示〉"戈"，读 gē，不要写作"弋"(yì)。

〈造句〉金戈铁马三十年，他为国家立下无数战功。

【快马加鞭】kuài mǎ jiā biān

〈释义〉对快马再加几鞭，使它跑得更快。比喻快上加快，加速前进。

〈造句〉时间紧迫，我们要快马加鞭，争取按时完成任务。

〈用法〉多用于做事。也可指骑马飞奔。

【马革裹尸】mǎ gé guǒ shī

〈释义〉马革：马皮。裹：包裹。用马皮把尸体包裹起来运回去安葬(zàng)。指为正义事业而战死疆(jiāng)场。

〈提示〉"裹"，读 guǒ，把"果"这字夹在"衣"字中间，不要写作"果"。

〈造句〉战士们为保家卫国，即使马革裹尸也在所不惜。

【马不停蹄】mǎ bù tíng tí

〈释义〉马不停地前进。比喻不间歇地行进或持续工作。

〈造句〉一接到抗震救灾的任务，先遣（qiǎn）队便马不停蹄，连夜奔赴灾区。

【马到成功】mǎ dào chéng gōng

〈释义〉战马一到战场就取得胜利。形容迅速取得胜利。

〈造句〉祝你旗开得胜，马到成功。

〈用法〉常与“旗开得胜”连用。

【人欢马叫】rén huān mǎ jiào

〈释义〉人欢笑，马嘶（sī）叫。形容农村中热闹欢腾、繁荣兴旺的景象。

〈造句〉金秋时节，田野上人欢马叫，好一派丰收的景象。

【人仰马翻】rén yǎng mǎ fān

〈释义〉人马都被打得仰翻在地。形容遭到惨败的狼狈情景。

〈造句〉这一仗打得敌人人仰马翻，一败涂（tú）地。

【人困马乏】rén kùn mǎ fá

〈释义〉困：疲（pí）乏，困倦（juàn）。人和马都很疲倦。形容旅途劳累。

〈造句〉走了一天的路，已是人困马乏，大家都想坐下来休息一下。

〈用法〉多用于形容因过度劳累、行军作战等而非常疲劳。

【悬崖勒马】xuán yá lè mǎ

〈释义〉悬崖：高而陡（dǒu）的山崖。勒：收住缰（jiāng）绳。在悬崖边勒住马的缰绳。比喻到了很危险的边缘（yuán）及时醒悟回头。

〈提示〉“勒”，这里读 lè，不读 lēi，左偏旁是“革”，不要写作“束”。

〈造句〉希望你能悬崖勒马，否则后果会非常严重。

【蛛丝马迹】zhū sī mǎ jì

〈释义〉蜘蛛丝，马蹄印。顺着蜘蛛丝可以找到蜘蛛，寻着马蹄印可知马的去向。比喻探寻事情根源的不很明显的线索或痕迹。

〈造句〉案犯再狡猾，在作案现场也会留下一些蛛丝马迹。

羊

【虎入羊群】hǔ rù yáng qún

〈释义〉像老虎闯入羊群一样。比喻敌人或坏人对弱势群体进行任意迫害。

〈造句〉当年日军进入村子，就如虎入羊群一般，烧杀抢掠，无恶不作。

【顺手牵羊】shùn shǒu qiān yáng

〈释义〉顺手把别人的羊牵走。比喻利用可乘之机，顺手拿走人家的东西。

〈造句〉他顺手牵羊，拿走了别人放在柜台上的手机。

〈用法〉多指顺手偷走别人的东西。

【亡羊补牢】wáng yáng bǔ láo

〈释义〉亡：丢失。牢：养牲口的圈（juàn）。丢失了羊后赶快补好羊圈。比喻事情出了差错后及时补救，以免再受损失。

〈造句〉要从这次被盗事件中总结教训，亡羊补牢，防止再出问题。

【羊肠小道】yáng cháng xiǎo dào

〈释义〉像羊肠一样的小路。比喻小路曲折狭窄。

〈造句〉这里只有一条羊肠小道通向山顶。

猴

【猴年马月】hóu nián mǎ yuè

〈释义〉猴、马：生肖。泛指没有指望的未来岁月。

〈造句〉你现在不努力学习，还想有出息，那得等到猴年马月。

〈用法〉指一些事情很难实现。

【尖嘴猴腮】jiān zuǐ hóu sāi

〈释义〉形容人的脸面长得像猴子一样瘦长尖削。

〈造句〉这个长得尖嘴猴腮、神情诡(guǐ)秘的人一出现，立刻引起了警方的注意。

【沐猴而冠】mù hóu ér guàn

〈释义〉沐猴：猕(mí)猴。冠：把帽子戴(dài)在头上。猕猴戴上帽子装人。比喻外表装得像人，但心肠狠毒。

〈提示〉"冠"，这里读 guàn，指把帽子戴在头上，不读 guān。

〈造句〉他看上去温文尔雅，实际上却是个沐猴而冠的阴险小人。

【杀鸡吓猴】shā jī xià hóu

〈释义〉杀掉鸡来吓唬(hǔ)猴子。比喻惩(chéng)罚(fá)一个人来警诫(jiè)其余的人。也说"杀鸡骇(hài)猴"。

〈造句〉田雨打小峰本是想杀鸡吓猴，让别的同学不敢惹他，结果犯了校规。

鸡

【鸡毛蒜皮】jī máo suàn pí

〈释义〉鸡的毛，蒜的皮。比喻无关紧要的小事或没有价值的东西。

〈造句〉同学之间要和睦(mù)相处，不应为一些鸡毛蒜皮的事斤斤计较。

【鸡飞蛋打】jī fēi dàn dǎ

〈释义〉鸡飞了，蛋也打碎了。比喻两头落空，一无所有。

〈造句〉他本想借机捞点好处，结果是鸡飞蛋打，人财两空。

【鸡犬升天】jī quǎn shēng tiān

〈释义〉比喻一个人做了高官，和他有点关系的人都跟着沾(zhān)光。

〈造句〉在现代社会，不应有"一人得道，鸡犬升天"的现象。

〈用法〉常与"一人得道"连用。

【鸡犬不宁】 jī quǎn bù níng

〈释义〉连鸡和狗都得不到安宁。形容骚(sāo)扰得非常厉害。

〈造句〉小偷连续作案,把整个村庄闹得鸡犬不宁。

【杀鸡取卵】 shā jī qǔ luǎn

〈释义〉卵:蛋。为了取蛋而杀掉鸡。比喻为了贪图眼前一点点好处而损害了长远的利益。也说“杀鸡取蛋”。

〈造句〉滥砍滥伐森林资源,无异于杀鸡取卵,必将受到大自然的惩罚。

【闻鸡起舞】 wén jī qǐ wǔ

〈释义〉闻:听到。听到鸡叫就起来舞剑。比喻有志之士及时发奋努力。

〈造句〉为了取得好成绩,运动员们每天闻鸡起舞,刻苦训练。

〈用法〉多用于人勤奋刻苦方面。

【小肚鸡肠】 xiǎo dù jī cháng

〈释义〉比喻气量狭小,只考虑小事,不顾大局。

〈造句〉她这个人心胸狭窄,小肚鸡肠,同学们都不愿意和她交往。

狗

【狗尾续貂】 gǒu wěi xù diāo

〈释义〉貂:指貂尾,古代皇帝的侍从、官员用貂尾作帽子的装饰。原比喻封官太滥,貂尾不够就用狗尾代替。现比喻用不好的东西接在好的东西后面,显得好坏不相称。

〈造句〉这部动画片深受小朋友们的喜爱,可是新拍的续集平淡无奇,给人一种狗尾续貂的感觉。

【狗急跳墙】 gǒu jí tiào qiáng

〈释义〉狗急了能从墙上跳过去。比喻坏人在走投无路时,会不顾一切地采取极端的措施。

〈造句〉歹徒狗急跳墙，拔出匕(bǐ)首，妄图对追赶的群众行凶。

【狗仗人势】gǒu zhàng rén shì

〈释义〉狗倚(yǐ)仗主人的声势咬人。比喻走狗、奴才等倚仗主子的势力干坏事。

〈造句〉地主的管家狗仗人势，为非作歹，受到了应有的惩罚。

〈用法〉多用于口语，是骂人的话，含讽刺、指责、轻蔑意味。

【狐朋狗友】hú péng gǒu yǒu

〈释义〉比喻一些品行不端、不干正事的朋友。

〈造句〉在父母的极力劝说下，他终于下决心不再和那些狐朋狗友来往。

【狼心狗肺】láng xīn gǒu fèi

〈释义〉心肠像狼狗一样狠毒无情。常用于比喻忘恩负义。

〈造句〉这帮不孝儿女，真是狼心狗肺，忘恩负义。

【丧家之狗】sàng jiā zhī gǒu

〈释义〉丧：失去。原指办丧(sāng)事人家的狗，因主人一时无暇(xiá)喂养而显得疲惫失意的样子。后比喻坏人失去靠山，无处投奔，到处乱窜。也说“丧家之犬”。

〈提示〉“丧”这时读 sàng ，不读 sāng 。

〈造句〉这群被通缉(jī)的犯罪分子，每天如丧家之狗，四处逃窜。

猪

【猪卑狗险】zhū bēi gǒu xiǎn

〈释义〉比喻卑鄙(bǐ)阴险的人。

〈造句〉在人际交往中。我们要时时警惕(tì)那种猪卑狗险的人。

【猪朋狗友】zhū péng gǒu yǒu

〈释义〉比喻好吃懒做，不务正

业的坏朋友。

〈造句〉他转学后，再也不与过去的猪朋狗友来往了。

其他

【笨鸟先飞】 bèn niǎo xiān fēi

〈释义〉飞得慢的鸟比其他鸟先飞。比喻能力差的人做事时恐怕落后，要比别人先动手。

〈造句〉小月并不聪明，但学习成绩一直名列前茅，因为她笨鸟先飞，比别人刻苦用功很多。

〈用法〉常用作谦（qiān）辞，勉励语。

【沉鱼落雁】 chén yú luò yàn

〈释义〉使游鱼下沉，使飞雁跌（diē）落。形容女子容貌极美。

〈造句〉这位选美冠军确有沉鱼落雁之容，闭月羞花之貌。

〈用法〉常与“闭月羞花”连用。

【飞蛾扑火】 fēi é pū huǒ

〈释义〉飞着的蛾子扑向烈火，比喻自寻死路，自取灭亡。

〈造句〉这样下去的结果只能是飞蛾扑火，千万不能再干了。

【蜂拥而来】 fēng yōng ér lái

〈释义〉像一群蜜蜂一样拥挤着乱哄哄地来到。比喻人多、杂乱。也说“蜂拥而至”。

〈造句〉人们从四面八方蜂拥而来，为的是一睹明星的风采。

【凤毛麟角】 fèng máo lín jiǎo

〈释义〉凤：凤凰，传说中的鸟王。麟：麒（qí）麟，古代传说中的一种动物，像鹿，头上有角，全身长有鳞（lín）甲。凤凰的羽毛，麒麟的角。比喻珍贵而稀少的人才或事物。

〈造句〉像明明这样品学兼优的好学生，在我们村里可是凤毛麟角。

〈用法〉含称赞、感慨(kǎi)意味。

【釜中游鱼】fǔ zhōng yóu yú

〈释义〉釜:古代的一种锅。在锅里流动着的鱼。比喻处于险境即将灭亡的人。也说“釜底游鱼”。

〈提示〉“釜”,读 fǔ,指古代的一种锅,不要写作“斧 fǔ”。

〈造句〉他正落入骗子的圈套,成为釜中游鱼,但还不醒悟。

〈用法〉含讽刺、轻蔑意味。

【管中窥豹】guǎn zhōng kuī bào

〈释义〉窥:从小孔、缝(fèng)隙(xì)或隐蔽处偷看。从竹管的小孔里看豹,只能看到豹身上的一块斑纹。比喻只看到事物的一部分,不全面。

〈提示〉“窥”,读 kuī,不读 kuì。

〈造句〉他对历史知识不过是管中窥豹,但却夸耀自己已博古通今。

【欢呼雀跃】huān hū què yuè

〈释义〉高兴得喊叫起来,像麻雀一样跳跃着。形容欢乐激动的情景。

〈造句〉中国申奥成功的那一刻,守候在电视机旁的我们顿时欢呼雀跃。

【狼狈为奸】láng bèi wéi jiān

〈释义〉狈:传说中和狼是同类的野兽,前腿很短,行走时要趴在狼身上,没有狼就不能行走。狼和狈经常合伙伤害牲畜。比喻坏人相互勾结干坏事。

〈造句〉他与盗窃团伙狼狈为奸,在背地里干了不少坏事。

〈用法〉用于形容危害社会的坏人坏事。

【笼中之鸟】lóng zhōng zhī niǎo

〈释义〉被关在笼子中的小鸟。比喻失去自由。

〈造句〉现在不少小孩从小犹

如笼中之鸟，失去许多应有天性和自由。

【漏网之鱼】lòu wǎng zhī yú
〈释义〉从渔网中漏出去的鱼。比喻侥（jiǎo）幸逃脱的坏人。
〈造句〉这条漏网之鱼仅逃窜了几天，就被抓获归案。

【门可罗雀】mén kě luó què
〈释义〉罗：捕鸟的网，这里指张网捕捉。大门前可以张网捕捉鸟雀。形容门庭冷落，宾客稀少。
〈造句〉这家酒店刚开张时生意兴隆，可没过多久就门可罗雀了。

【蚍蜉撼树】pí fú hàn shù
〈释义〉蚍蜉：一种大蚂蚁。撼：摇动。蚂蚁想摇动大树。比喻不自量力，做自己根本无法做到的事。
〈造句〉妄想颠履社会主义制度的人，是蚍蜉撼树，枉费心机。
〈用法〉多用于恶小势力妄想动摇强大的政治力量、社会制度等。

【蜻蜓点水】qīng tíng diǎn shuǐ
〈释义〉蜻蜓刚一碰到水面就迅速飞起来。比喻做事肤浅，不深入实际。
〈造句〉学习和做事都要脚踏实地，如果是蜻蜓点水，那就什么也做不好。

【如鱼得水】rú yú dé shuǐ
〈释义〉像鱼得到水一样。比喻得到适合自己的环境或有所凭借。
〈造句〉到了这个新单位，他如鱼得水，很快就做出了突出成绩。

【螳臂当车】táng bì dāng chē
〈释义〉螳臂：螳螂的前腿。当：阻挡。螳螂举起前腿想要挡住车轮前进。比喻不估量自己的力量，去做办不到的事情。也说“螳臂挡车”。

〈提示〉“臂”(bì)，下面是“月”，与“身体”有关的字往往用“月”，比如“胳、肚、背”等。

〈造句〉想阻挡社会前进的车轮，只能是螳臂当车，自取灭亡。

【螳螂捕蝉，黄雀在后】 táng láng bǔ chán，huáng què zài hòu

〈释义〉蝉：又叫“知了”，雄的腹面有发声器，叫的声音很大。螳螂正在捕捉知了，却不知道黄雀正在身后也想吃掉它。比喻只图眼前的利益，却想不到危险就要降临到自己的头上。

〈造句〉“螳螂捕蝉，黄雀在后”，你别只顾眼前的利益，小心中了别人的圈套。

【瓮中之鳖】 wèng zhōng zhī biē

〈释义〉瓮：一种口小腹大的大坛子。鳖：甲鱼，俗称王八。困在大坛子中的甲鱼。比喻已在掌握之中，无法逃脱的人或动物。

〈提示〉“瓮”，读“wèng”。

〈造句〉公安干警迅速出击，把整栋楼围得严严实实，歹徒已成瓮中之鳖。

〈用法〉多用于指被包围的敌人或坏人。

【虾兵蟹将】 xiā bīng xiè jiàng

〈释义〉神话故事中龙王手下的兵将。比喻坏人手下的爪牙或不中用的兵将。

〈造句〉他网罗的手下都是些虾兵蟹将，乌合之众。

【鸦雀无声】 yā què wú shēng

〈释义〉连乌鸦和麻雀的叫声都没有。形容非常寂静，一点声音都没有。

〈造句〉老师就要公布期末考试成绩了，喧闹的教室一下子变得鸦雀无声。

【雁过留声】 yàn guò liú shēng

〈释义〉大雁飞过的时候，要留下叫声。比喻人在死后要留下好名声。

〈造句〉“人过留名，雁过留声”，人活着就应该多做一些造福子孙后代的好事。

〈用法〉常与“人过留名”连用。

【引狼入室】 yǐn láng rù shì

〈释义〉引：招引。把狼招惹（rě）到家中。比喻把敌人或坏人招引进来。

〈造句〉为贪小便宜，她把“推销员”让进家中，结果引狼入室，家里钱财被洗劫（jié）一空。

【鹦鹉学舌】 yīng wǔ xué shé

〈释义〉鹦鹉学人说话。比喻别人怎么说，自己就跟着怎么说，没有主见。

〈造句〉别鹦鹉学舌，谈谈你自己对这件事的看法。

〈用法〉多用于讥讽人没主见或模仿别人的说话腔调。

四、涉植物

花

【遍地开花】biàn dì kāi huā

〈释义〉满地开花。比喻美好的事物到处涌(yǒng)现。

〈造句〉改革开放以来,科技创新遍地开花,硕果累(lěi)累。

【繁花似锦】fán huā sì jǐn

〈释义〉繁:多而且茂盛。锦:有彩色花纹的丝织品。许多怒放的鲜花好像绚丽多彩的锦缎(duàn)。形容美好的景色。

〈造句〉春天,校园里绿树成荫,繁花似锦。

【花好月圆】huā hǎo yuè yuán

〈释义〉花正盛开,月亮正圆的时候。比喻生活美满。

〈造句〉在这花好月圆的日子里,祝愿每对新人幸福美满,白头偕老。

〈用法〉多用作新婚的祝辞。

【花红柳绿】huā hóng liǔ lǜ

〈释义〉鲜红的花,嫩绿的柳。也说"柳绿花红"。

①形容春天的美丽景色。

〈造句〉西湖边花红柳绿,春意盎(àng)然。

②形容衣着打扮等颜色鲜艳。

〈造句〉时装展销会上,花红柳绿的服装使人眼花缭乱。

【花团锦簇】huā tuán jǐn cù

〈释义〉锦:有彩色花纹的丝织品。簇:聚集成团。形容色彩缤纷,灿烂绚丽的景象。

〈造句〉公园里花团锦簇,蜂蝶飞舞。

【花枝招展】huā zhī zhāo zhǎn

〈释义〉招展:迎风摆动的样子。开满鲜花的枝条迎风摆动。比喻女子打扮得十分艳丽。

〈造句〉她天生丽质,又被妈妈打扮得花枝招展,更加惹人喜爱了。

【锦上添花】jǐn shàng tiān huā

〈释义〉锦：有彩色花纹的丝织品。在锦上再绣一些花。比喻使美好的事物更加美好。

〈造句〉结尾的这段议论，使文章锦上添花。

【柳暗花明】liǔ àn huā míng

〈释义〉①形容绿柳成阴，繁花明媚的美丽景色。

〈造句〉公园里柳暗花明，使人顿觉神清气爽。

②比喻在绝境中出现了转机。

〈造句〉他家境贫困失学了，可柳暗花明，希望工程又帮他圆了大学梦。

〈用法〉多比喻在困难时出现好的转机。

【落花流水】luò huā liú shuǐ

〈释义〉残落的花瓣（bàn）随流水漂（piāo）走。指暮春百花衰败凋落的景象。比喻惨遭失败。

〈造句〉敌人被我军打得落花流水，四散奔逃。

【鸟语花香】niǎo yǔ huā xiāng

〈释义〉鸟鸣叫，花飘香。形容春天美好的景象。

〈造句〉这儿山清水秀，鸟语花香，真是个旅游的好地方。

【昙花一现】tán huā yī xiàn

〈释义〉昙花：一种常绿植物，开花时间很短。昙花一开很快就凋（diāo）谢了。比喻人或事物出现后很快就消失。

〈造句〉他曾经有一次考试成绩很好，只可惜是昙花一现，再也没考好过。

【雾里看花】wù lǐ kàn huā

〈释义〉像在雾中看花一样。

①形容老年人眼睛昏花。

〈造句〉奶奶一摘掉老花镜，看东西就犹（yóu）如雾里看花，模（mó）糊不清。

②比喻对事物看不真切。

〈造句〉这部电视剧，故事情节不清晰，给人一种雾里看花的感觉。

【走马观花】zǒu mǎ guān huā

〈释义〉走：跑。骑在奔跑的马上看花，原形容愉快得意的心情。现多用来比喻匆忙粗略地观察一下。也说“走马看花”。

〈造句〉暑假里，我和同学一起到北京旅游，虽然只是走马观花，却也收获不小。

草

【草长莺飞】cǎo zhǎng yīng fēi

〈释义〉莺：黄莺，鸟名。小草开始生长，黄莺四处飞翔(xiáng)。形容春天明媚的景象。

〈造句〉春光明媚，草长莺飞，正是踏春的好时候。

【草木皆兵】cǎo mù jiē bīng

〈释义〉木：树。皆：全，都。把草和树都当成了敌方的军队。形容人极度恐惧时疑神疑鬼。

〈造句〉逃跑的凶手已是草木皆兵，惶惶不可终日。

【寸草不生】cùn cǎo bù shēng

〈释义〉寸草：小草。连一根小草都不长。形容土地贫瘠(jí)，十分荒凉。

〈造句〉这里以前是块盐碱地，寸草不生。

【风吹草动】fēng chuī cǎo dòng

〈释义〉风一吹草就摇动。比喻一点动静或轻微的动荡、变故。

〈造句〉他做贼心虚，哪怕有一点儿风吹草动，都会吓得惊慌失措。

【疾风知劲草】jí fēng zhī jìng cǎo

〈释义〉疾：迅速，猛烈。劲：强有力。只有经过猛烈大风的考验，才知道哪些草是强劲的。比喻只有经过严峻(jùn)的考验，才知道谁是强者。

〈提示〉“疾”(jí),不要写作“急”。“劲”,这里读 jìng,不读 jìn。

〈造句〉在灾难面前,冲在最前面的总是解放军,真是疾风知劲草,他们是最可爱的人。

【绿草如茵】lǜ cǎo rú yīn

〈释义〉如:像。茵:褥(rù)子。绿色的草像褥子一样。形容绿油油的草长得茂密、柔软。

〈造句〉广场绿草如茵,繁花似锦,吸引了许多市民来这里休闲娱(yú)乐。

【奇花异草】qí huā yì cǎo

〈释义〉奇、异:少见的,特别的。珍奇、少见的花草。

〈造句〉植物园里到处都是奇花异草,让我们大开眼界。

【斩草除根】zhǎn cǎo chú gēn

〈释义〉斩:砍断。要清除野草,必须连根拔掉。比喻彻底清除祸根,不留后患。

〈造句〉要想社会稳定安宁,就必须对犯罪分子斩草除根,决不能手软。

树木

【火树银花】huǒ shù yín huā

〈释义〉火树:火红的树,指树上缀(zhuì)满彩灯。银花:银白色的花,指灯里放射出银亮的光。形容灯光或烟花绚丽灿烂的夜景。

〈造句〉节日里的天安门广场被装点得火树银花,绚丽多彩。

【枯木逢春】kū mù féng chūn

〈释义〉干枯的树木到了春天又恢复了生命力。比喻经历挫折,重新获得生机。

〈造句〉无情的病魔(mó)一度把她推上绝路,但大家的帮助又使她枯木逢春。

【枯枝败叶】kū zhī bài yè

〈释义〉枯:干枯。败:衰(shuāi)落。干枯的树枝,衰落的树叶。

〈造句〉一场大雨，洪水卷着枯枝败叶直泻到水塘里，堵塞了出水口。

【浓阴蔽日】nóng yīn bì rì

〈释义〉形容树木枝繁叶茂，可以遮住阳光。

〈造句〉这里浓阴蔽日，清静幽雅，几个老人在那里下棋。

【前人栽树，后人乘凉】qián rén zāi shù，hòu rén chéng liáng

〈释义〉前辈人栽树，后辈人乘阴凉。比喻前人为后人造福，后人享受前人创造的劳动成果。

〈造句〉我们今天保护环境，也是前人栽树，后人乘凉，为下一代的幸福生活做出贡献。

【树大招风】shù dà zhāo fēng

〈释义〉树长得越高，就会越先受到风吹。比喻人的名气越大，就越容易受到别人的攻击。

〈造句〉俗话说树大招风，还是低调谨慎的好。

【铁树开花】tiě shù kāi huā

〈释义〉铁树：一指苏铁，常绿乔木，要多年才开一次花；一指铁做的树。比喻事情非常罕见或极难实现的事。

〈造句〉都说戒除网瘾（yǐn）犹如铁树开花，但小强在大家的帮助下，还是做到了。

【玉树琼枝】yù shù qióng zhī

〈释义〉琼：美玉。用美玉做成的树木。形容树木华丽精美。常指冬季挂满积雪的树木。

〈造句〉家乡的冬天，最美的时候就是雪后的银装素裹、玉树琼枝。

【枝繁叶茂】zhī fán yè mào

〈释义〉树木的枝叶繁密茂盛。

〈造句〉门前的这棵老槐（huái）树已有上百年，如今还是枝繁叶茂，粗壮挺拔。

五、涉景物

天气景色

【冰天雪地】bīng tiān xuě dì

〈释义〉冰雪铺天盖地。形容冰雪很多，天气十分寒冷。

〈造句〉虽然已是冰天雪地，但建设工地仍然热火朝天。

【姹紫嫣红】chà zǐ yān hóng

〈释义〉姹：美丽。嫣：鲜艳。形容各种花朵鲜艳美丽。

〈造句〉为迎接国庆，广场被布置得花团锦簇(cù)、姹紫嫣红。

〈辨析〉见“万紫千红”。

【春暖花开】chūn nuǎn huā kāi

〈释义〉春天气候温暖宜人，百花开放。形容春天天气暖和，景色优美。

〈造句〉每到春暖花开的时候，我们都要组织一次春游。

【春意盎然】chūn yì àng rán

〈释义〉春意：春天的气象。盎然：旺盛、浓厚的样子。形容春天的气氛很浓。

〈提示〉“盎”读 àng，表示“盛”(shèng)的意思。

〈造句〉晴空万里，微风拂面，大地一片春意盎然。

【春光明媚】chūn guāng míng mèi

〈释义〉明媚：鲜明可爱。形容春天的景物艳丽美好。

〈造句〉在这春光明媚的季节里，学校组织了丰富多彩的课余活动。

【春风化雨】chūn fēng huà yǔ

〈释义〉春风：适宜草木生长的和暖的风。化雨：滋(zī)润植物的及时雨，指能滋养万物生长的风和雨。也用来称颂师长的教诲(huì)。

〈造句〉老师的谆(zhūn)谆教诲真是春风化雨，使我迷途知返，改过自新。

【春色满园】chūn sè mǎn yuán

〈释义〉整个园子里都是一片

春天的景色。比喻到处都是欣欣向荣的景象。也说“满园春色”。
〈造句〉改革开放的春风吹遍祖国大地，到处春色满园、欣欣向荣。

【大地回春】 dà dì huí chūn
〈释义〉指冬去春来，草木萌(méng)生，大地一片生机勃勃的景象。
〈造句〉大地回春，万物复苏，到处是一片生机勃勃的景象。

【电闪雷鸣】 diàn shǎn léi míng
〈释义〉雷电交加。形容即将下大雨的样子。
〈造句〉一阵电闪雷鸣后，很快就下起了倾盆大雨。

【滴水成冰】 dī shuǐ chéng bīng
〈释义〉水一滴下来就立刻结成了冰。形容天气非常寒冷。
〈造句〉哈尔滨的冬天，天寒地冻，滴水成冰。

【风和日丽】 fēng hé rì lì
〈释义〉微风柔和，阳光明媚。形容天气好。
〈造句〉今天风和日丽，来公园游玩的人络绎(luò yì)不绝。

【风调雨顺】 fēng tiáo yǔ shùn
〈释义〉调：配合均匀。顺：适宜。风雨调和适时，有利于作物生长。形容天气条件好。
〈造句〉今年风调雨顺，一定又是一个丰收年。

【风雪交加】 fēng xuě jiāo jiā
〈释义〉交加：一起来临，同时出现。又是刮风，又是下雪。形容冬季恶劣的气候。
〈造句〉窗外冰天雪地，风雪交加，可教室里却温暖如春。

【风雨交加】 fēng yǔ jiāo jiā
〈释义〉交加：一起来临，同时出现。又是刮风，又是下雨。形容天气恶劣。
〈造句〉六月的天气真是说变

就变，刚才还是风雨交加，转眼便晴空万里。

【和风细雨】hé fēng xì yǔ

〈释义〉①温和的风，细小的雨。

〈造句〉每到夏季，这里经常是和风细雨的天气。

②比喻态度温和，不粗暴。

〈造句〉李老师对犯错的学生，总是和风细雨地讲道理，从不粗暴地斥（chì）责。

【狂风暴雨】kuáng fēng bào yǔ

〈释义〉来势迅猛的大风大雨。

〈造句〉树上的那个鸟窝在狂风暴雨中摇摇欲坠（zhuì）。

【晴空万里】qíng kōng wàn lǐ

〈释义〉万里：形容广阔天地。晴朗的天空广阔无边。形容天气非常晴朗。

〈造句〉今天晴空万里，这场飞行表演精采极了。

【倾盆大雨】qīng pén dà yǔ

〈释义〉倾：倒（dào）出。雨下得就像把盆里的水往下倒一样。形容雨下得又大又急。

〈造句〉昨晚一场倾盆大雨，使许多街道一片汪洋。

【秋高气爽】qiū gāo qì shuǎng

〈释义〉爽：明朗，清亮。形容秋天天空明净，气候凉爽宜人。

〈造句〉十月的北京秋高气爽，爸爸带我去攀（pān）登长城。

【秋月寒江】qiū yuè hán jiāng

〈释义〉秋夜皎（jiǎo）洁的月亮，冬天清澈（chè）的江水。比喻有贤德的人心地纯洁，清澈不染。

〈造句〉爱国诗人屈原可称得上是秋月寒江的贤士。

【绚丽多彩】xuàn lì duō cǎi

〈释义〉绚：色彩华丽。绚烂艳丽，丰富多彩。

〈造句〉节日里，我们用鲜花和彩球把小区装扮得绚丽多彩。

【莺歌燕舞】yīn gē yàn wǔ

〈释义〉莺：黄莺，鸟名。黄莺歌唱，燕子飞舞。形容春意很浓。

〈造句〉四月的江南柳暗花明、莺歌燕舞。

【雨过天晴】yǔ guò tiān qíng

〈释义〉①大雨过后，天空转为晴朗。

〈造句〉雨过天晴，天空架起一道彩虹。

②比喻情况由坏变好。

〈造句〉经过爸爸耐心解释，妈妈的脸上终于雨过天晴了。

【云消雾散】yún xiāo wù sàn

〈释义〉像云气和烟雾一样消失散去。比喻事物消失得十分干净。

〈造句〉听了小丽的解释后，她俩的误解便云消雾散了。

【争奇斗艳】zhēng qí dòu yàn

〈释义〉形容百花盛开，竞相显示各自的奇异艳丽。

〈造句〉花园里百花盛开，争奇斗艳。

日月星辰

【斗转星移】dǒu zhuǎn xīng yí

〈释义〉斗：北斗星。北斗星转了方向，星星移动了位置。形容时间的流逝(shì)，岁月的变迁。也说“星移斗转”。

〈提示〉“斗”，这里读 dǒu，不读 dòu。

〈造句〉三十多年过去已是斗转星移，曾经的小镇已变为一座现代化城市。

【皓月千里】hào yuè qiān lǐ

〈释义〉皓：洁白，明亮。形容月光皎洁，天气晴和。

〈提示〉“皓”，读 hào，不要写作“浩浩荡荡”的“浩”。

〈造句〉每当在皓月千里的中

秋节日里，总会令人更加思念远方的亲人。

【寥若晨星】liáo ruò chén xīng

〈释义〉寥：稀少。若：像。稀少得像清晨的星星一样。形容数量很少。

〈造句〉这两天太热了，来动物园参观的人寥若晨星。

【烈日当空】liè rì dāng kōng

〈释义〉火热的太阳挂在空中。形容太阳炙（zhì）烤着大地，十分炎热。

〈造句〉夏季经常烈日当空、骄阳似火，要防止中暑。

【披星戴月】pī xīng dài yuè

〈释义〉披：覆（fù）盖着。戴：头上顶着。身上披着星光，头上顶着月亮，形容早出晚归，极端辛苦或夜里赶路。

〈造句〉父母为了家里的生活更好一些，总是披星戴月、不辞辛苦地忙碌着。

【清风明月】qīng fēng míng yuè

〈释义〉清朗宜人的风，皎（jiǎo）洁明亮的月。形容宁静美好的夜晚。

〈造句〉清风明月，蛙鸣稻香，大自然的美无处不在。

【日薄西山】rì bó xī shān

〈释义〉日：太阳。薄：迫近。太阳快要落山了。比喻人或事物接近衰（shuāi）亡。

〈造句〉他的身体虽然已经日薄西山，但对艺术的追求仍然充满了激情。

【日上三竿】rì shàng sān gān

〈释义〉太阳升到离地面已有三根竹竿那么高了。多形容天已大亮，时间不早了。

〈提示〉“竿”（gān），是“竹竿”的“竿”，不要写作“杆（gān）子”的“杆”。

〈造句〉都日上三竿了，你怎么还赖（lài）在床上不起来？

【星罗棋布】 xīng luó qí bù

〈释义〉罗：罗列。布：分布。像群星那样罗列，像棋子一样分布。形容众多密集的样子。

〈造句〉香港的高楼星罗棋布，尽显现代化城市风采。

【月明星稀】 yuè míng xīng xī

〈释义〉月光明朗，星星稀少。也说“月朗星稀”。

〈造句〉在月明星稀的夜晚，我们围坐在草地上，畅谈着美好的未来。

【月白风清】 yuè bái fēng qīng

〈释义〉月光皎(jiǎo)洁，微风清爽。形容明朗幽(yōu)静的夜晚。也说“月朗风清”。

〈造句〉中秋佳节，月白风清，我们一家团聚在一起，其乐融融。

【众星捧月】 zhòng xīng pěng yuè

〈释义〉天上很多星星围绕着月亮。比喻许多东西围绕着一个中心或许多人簇拥一个人。

〈造句〉老师领奖回来，同学们如众星捧月般将她围在中间，问长问短。

山川河流

【波澜壮阔】 bō lán zhuàng kuò

〈释义〉澜：大波浪。形容波浪翻滚，浩渺(miǎo)辽阔。

〈造句〉我第一次见到波澜壮阔的大海，就被她那广阔的气势征服了。

【波涛汹涌】 bō tāo xiōng yǒng

〈释义〉汹涌：水势翻腾的样子。形容水势很大，浪花翻滚。

〈造句〉轮船在波涛汹涌的大海上航行。

【崇山峻岭】 chóng shān jùn lǐng

〈释义〉崇：高。峻：山高而陡(dǒu)。高耸(sǒng)陡峭的山岭。

〈提示〉“崇”，读 chóng，由“山”、“宗”构成。

〈造句〉政府在崇山峻岭中修通的水泥路，成了山区人民的致富路。

【川流不息】 chuān liú bù xī

〈释义〉川：河流。息：停止。水流连续不断。形容行人、车马、船只等往来连续不断。

〈提示〉“川”(chuān)，指河流，不要写作“穿”。

〈造句〉江面上船只来来往往，川流不息。

【风平浪静】 fēng píng làng jìng

〈释义〉①没有风浪，水面很平静。

〈造句〉风平浪静的海面上旭日东升，景色美极了。

②比喻平静无事。

〈造句〉他们的矛盾终于调解好了，恢复了往日的风平浪静。

【湖光山色】 hú guāng shān sè

〈释义〉山水的风光和景色。形容山水景物的自然之美。

〈造句〉杭州秀美的湖光山色，令人流连忘返。

【江山如画】 jiāng shān rú huà

〈释义〉江山：江河、山脉，泛指国土。形容山河美丽得像画一样。

〈造句〉我们伟大的祖国，神州万里，江山如画。

【锦绣河山】 jǐn xiù hé shān

〈释义〉锦绣：精美华丽的丝织品。河山：江河和山岭，指国土。像锦绣般美丽的江河和山岭。形容国土的壮美。也说“锦绣江山”。

〈提示〉“绣”(xiù)，是“绣花”的“绣”，不要写成“锈”。

〈造句〉我爱祖国的锦绣河山。

【漫山遍野】 màn shān biàn yě

〈释义〉漫：满。遍：到处。山

上和田野里到处都是。形容特别多。

〈造句〉春天到了。漫山遍野的报春花开得鲜艳极了。

【青山绿水】qīng shān lǜ shuǐ

〈释义〉青：绿色。绿色的山，绿色的水，形容山水秀丽，景色宜人。

〈造句〉我们划着竹筏（fá），在青山绿水间流连。

【山清水秀】shān qīng shuǐ xiù

〈释义〉秀：秀丽。山光明媚，水色秀丽。形容风景优美。

〈造句〉江南山清水秀的自然风光，吸引了无数中外游客前来旅游观光。

【山高水长】shān gāo shuǐ cháng

〈释义〉像山一样高耸（sǒng），像水一样长流。比喻人品德高尚，影响深远。

〈造句〉雷锋精神山高水长，世代相传。

【山重水复】shān chóng shuǐ fù

〈释义〉山峦（luán）重叠，河水萦（yíng）绕（rào）。

〈造句〉这里山重水复，景色宜人，真是“舟行碧波上，人在画中游”。

【山穷水尽】shān qióng shuǐ jìn

〈释义〉穷：尽、完。尽：尽头。山和水都到了尽头。比喻无路可走，陷入绝境。

〈造句〉父亲的去世，使这个原本困难的家庭陷入了山穷水尽的地步。

【汪洋大海】wāng yáng dà hǎi

〈释义〉汪洋：水势浩大的样子。广阔无边的大海。比喻声势浩大。

〈造句〉连续的暴雨，使山下的千亩良田变成了一片汪洋大海。

【悬崖峭壁】xuán yá qiào bì

〈释义〉悬崖：高而陡的山崖。形容山势非常险峻（jùn）。

〈造句〉这座山三面都是悬崖峭壁，地势十分险要。

六、涉数字

一

【一毛不拔】 yì máo bù bá

〈释义〉连一根汗毛也不肯拔出来。比喻极其吝(lìn)啬(sè)自私。

〈造句〉他虽然富有，但爱财如命，无论谁有困难都一毛不拔。

【一目了然】 yí mù liǎo rán

〈释义〉了然：明白，清楚。一眼就能看得清清楚楚。

〈造句〉登上山顶，山下的景物一目了然。

【一目十行】 yí mù shí háng

〈释义〉一眼能看十行书。形容阅读的速度快。

〈提示〉“行”，这里读 háng，不读 xíng。

〈造句〉他自幼聪明过人，读书一目十行，过目不忘。

〈用法〉旧时用来形容人聪明，现多形容人马虎，不求甚解。

【一口咬定】 yì kǒu yǎo dìng

〈释义〉一口咬住不放。比喻坚持一个说法，再不改口。

〈造句〉你一口咬定这事儿是他干的，有什么证据吗？

【一臂之力】 yí bì zhī lì

〈释义〉一只胳(gē)膊(bo)的力量。比喻给予别人不大力量的帮助。

〈提示〉“臂”，读 bì，指胳膊，下面是“月”。

〈造句〉他乐于助人，无论谁有困难，都会助人一臂之力。

【一手遮天】 yì shǒu zhē tiān

〈释义〉用一只手把天遮住，比喻依仗权势，欺上瞒(mán)下。

〈造句〉他作风霸道，在当地一手遮天，群众很有意见。

〈用法〉多形容掌权的恶人或集体，含愤慨(kǎi)、批判意味。

【一纸空文】yì zhǐ kōng wén

〈释义〉空文:有名无实的法律规章。一张没有用处的空头文书。多指只是写在纸上而不予履(lǚ)行的条约、规定、计划等。

〈造句〉我们要养成遵章守纪的良好习惯,不能把学校制定的规章制度当作一纸空文。

【一笔勾销】yì bǐ gōu xiāo

〈释义〉把账(zhàng)一笔抹掉。比喻把一切全部取消,概不计较。

〈造句〉只要你能悔过自新,过去不愉快的事就一笔勾销。

【一本正经】yì běn zhèng jīng

〈释义〉原指一部正规的经典。后形容态度庄重、严肃、认真。

〈造句〉小妹一本正经地宣布:"家庭音乐会现在开始。"

【一叶知秋】yí yè zhī qiū

〈释义〉看到一片树叶落了,就知道秋天要来了。比喻从某种微小的变化就可以预料出事物的发展趋(qū)向。

〈造句〉张老师具有一叶知秋的洞察力,对同学们的心理把握很准。

【一木难支】yí mù nán zhī

〈释义〉一根木头难以支撑(chēng)。比喻个人力量有限,难以维持整个局面。也说"独木难支"。

〈造句〉这么高额的医药费,他肯定是一木难支,我们大家一起帮助他。

〈用法〉含感叹、无奈意味。

【一石二鸟】yì shí èr niǎo

〈释义〉一块石头打中两只鸟。比喻做一件事情得到两种收获。

〈造句〉你这个办法真是一石二鸟,他们俩的问题都解

决了。

【一马当先】yì mǎ dāng xiān

〈释义〉作战时策(cè)马跑在最前面。形容领先,起带头作用。

〈造句〉紧急关头,消防队长一马当先冲进火海,及时将煤气罐抢了出来。

【一马平川】yì mǎ píng chuān

〈释义〉川:平地、平原。能够纵马疾驰(chí)的平地。形容地势宽广平坦。

〈造句〉翻过一座大山,眼前竟然是一马平川的沃土良田。

【一针见血】yì zhēn jiàn xiě

〈释义〉一针就扎出血。比喻说话或写文章言辞直接了当,切中要害。

〈造句〉他的发言一针见血,指出了家庭教育需要注意的问题。

【一刀两断】yì dāo liǎng duàn

〈释义〉一刀截(jié)成两段。比喻坚决地断绝关系。

〈造句〉他下决心痛改前非,与网络游戏一刀两断。

〈用法〉多形容和坏人、坏事或亲人、朋友等不再往来。

【一箭双雕】yí jiàn shuāng diāo

〈释义〉雕:一种很凶狠的大鸟。一箭射中两只雕。原指射箭技术高超,现比喻做一件事达到两种目的。

〈造句〉我倒有一个一箭双雕的主意,不防可以试一试。

【一网打尽】yì wǎng dǎ jìn

〈释义〉一次撒(sā)网,把猎物全部抓住。比喻全部抓住或彻底肃(sù)清。

〈造句〉经过周密布控,警方最终将这帮贩(fàn)毒团伙一网打尽。

〈用法〉多形容对待坏人、恶势力等团伙。

【一锤定音】yì chuí dìng yīn

〈释义〉锤：锤子。原指制造铜锣时最后一锤决定着锣的音色。现比喻某人的一句话就起着最后的决定作用。

〈造句〉最后还是爸爸一锤定音，再穷也要供姐姐上大学。

【一帆风顺】yì fān fēng shùn

〈释义〉船挂满帆，顺风行驶。比喻非常顺利，没有阻碍。

〈造句〉他算是一帆风顺，高中毕业被保送上了大学。

【一丝不苟】yì sī bù gǒu

〈释义〉丝：蚕丝，这里喻指极小，一点儿。苟：马虎，随便。对待像蚕丝那样细小的事物都不马虎。指一点儿也不马虎。做事认真、仔细。

〈造句〉王老师对工作兢（jīng）兢业业，一丝不苟。

【一窍不通】yí qiào bù tōng

〈释义〉窍：孔、洞。古人把“耳、目、口、鼻”称为“七窍”。七窍中一个窍也不通。比喻一点儿也不懂。

〈提示〉“窍 ”，读 qiào，下面是“灵巧（qiǎo）”的“巧”。

〈造句〉对音乐，我是一窍不通的外行。

【一尘不染】yì chén bù rǎn

〈释义〉形容非常整洁干净。

〈造句〉妈妈总是把家里打扫得一尘不染。

【一日千里】yí rì qiān lǐ

〈释义〉一天能行千里路，原指马跑得快。后形容进步非常快或发展迅速。

〈造句〉改革开放后，我国社会主义建设的速度真可谓是一日千里。

【一见如故】yí jiàn rú gù

〈释义〉故：老朋友。初次相见就意气相投，像老朋友一样。

〈造句〉共同的爱好使我俩一见如故。

【一望无际】yí wàng wú jì
〈释义〉际：边。一眼看不到边。形容非常辽阔。
〈造句〉蔚（wèi）蓝的天空下面是一望无际的大草原。
〈用法〉多形容大海、森林、天空、草原等。

【一鸣惊人】yì míng jīng rén
〈释义〉鸣：鸟叫。平时不叫，一叫就使人震惊。比喻平时默默无闻，突然一下子做出了惊人的成就。
〈造句〉她第一次参加奥运会就一鸣惊人，夺得冠军。
〈用法〉常与“不鸣则已”连用。

【一呼百应】yì hū bǎi yìng
〈释义〉应：响应。一人呼喊，百人响应。形容响应的人多。
〈造句〉他是这里一呼百应的孩子王。

【一拥而入】yì yōng ér rù
〈释义〉拥：拥挤。众人一齐挤着往里走。
〈造句〉店门一开，顾客就一拥而入，很快就把打折商品买光了。
〈用法〉用于形容人多没有秩序地一齐挤了进去。

【一哄而散】yí hòng ér sàn
〈释义〉哄：吵闹，搅（jiǎo）扰（rǎo）。指聚（jù）拢（lǒng）在一起的人们突然吵吵嚷（rǎng）嚷着一下子散去。
〈提示〉“哄”，这里读 hòng，不读 hōng。
〈造句〉一看到老师过来，那些围观的同学立刻一哄而散。
〈用法〉多形容没秩序。

【一挥而就】yì huī ér jiù
〈释义〉挥：舞动，这里指挥笔书写。就：成功，完成。一动笔就写成。形容才思敏捷（jié），写文章、书法、绘画等很快完成。

〈造句〉她文思敏捷，写文章往往一挥而就。

〈用法〉多含赞扬意味。

【一举成名】yì jǔ chéng míng

〈释义〉原指科举时中（zhòng）了进士就天下闻名。后指一下子出了名。

〈造句〉在奥运会上的出色表现使他一举成名。

【一举两得】yì jǔ liǎng dé

〈释义〉举：指动作、行为。指做一件事情同时得到两种好处。

〈造句〉参加课余舞蹈队，既锻（duàn）炼了身体，又丰富了课余生活，真是一举两得。

【一拍即合】yì pāi jí hé

〈释义〉拍：打拍子。即：便，就。原指打一下拍子就能和乐曲的节奏相合。现比喻一下子就达到一致。

〈提示〉“即”，读 jí，不读 jì。

〈造句〉厂家来推销，商家正缺货，两家一拍即合，立刻签订了供销合同。

【一扫而空】yì sǎo ér kōng

〈释义〉一下子就清扫得什么都没有，形容清除干净，什么东西也不剩。也说“一扫而光”。

〈造句〉仅几分钟时间劫匪就把店里的珠宝一扫而空。

〈用法〉多形容吃东西或抢购、抢劫等，含讽刺、惊骇（hài）意味。

【一步登天】yí bù dēng tiān

〈释义〉一步就登上了青天。比喻一下就达到极高的境界或程度。常用来讽刺人突然得志，爬上高位。

〈造句〉要靠扎实勤奋的努力去实现自己的理想，而不能指望碰运气一步登天。

【一落千丈】 yí luò qiān zhàng

〈释义〉原指琴声突然从高音降到低音。现比喻急剧下降。

〈造句〉自从恋上网吧后，他的学习成绩一落千丈。

〈用法〉多形容景况、地位、情绪、成绩等。

【一泻千里】 yí xiè qiān lǐ

〈释义〉泻：液体很快地流下。形容江河水势湍(tuān)急，奔流而下。

〈造句〉山洪暴发，一泻千里，山下的村庄瞬(shùn)间房倒屋塌。

【一波三折】 yì bō sān zhé

〈释义〉波：书法中的“捺”(nà)。折：书法中转换笔锋的方向。原指书法中每写一捺要三次转换笔锋的方向，形容笔法曲折多姿。现比喻文章结构曲折起伏或事情进行中阻碍很多。

〈造句〉这部电视剧的故事情节一波三折，扣人心弦。

【一心一意】 yì xīn yí yì

〈释义〉心思专一，没有其他念头。

〈造句〉我们无论做什么事都要一心一意，不能三心二意。

〈用法〉含称赞意味。

【一模一样】 yì mú yí yàng

〈释义〉指一个模样。形容样子完全相同。

〈造句〉妈妈给我和妹妹买了两个一模一样的书包。

【一五一十】 yì wǔ yì shí

〈释义〉数数目时以五为单位，一五，一十，十五，二十……地数下去。比喻叙述事情从头到尾，原原本本，没有遗(yí)漏(lòu)。

〈造句〉他把事情的经过一五一十地跟老师说了一遍。

【一朝一夕】 yì zhāo yì xī

〈释义〉朝：早晨。夕：傍晚或晚上。一个早晨或一个晚上。形容很短的时间。

〈提示〉“朝”，这里读 zhāo，不读 cháo。

〈造句〉知识的积累，不是一朝一夕就能获得的，要靠持之以恒地学习和努力。

【一唱一和】 yí chàng yí hè

〈释义〉和：跟着唱。一个先唱，一个随声应和。原指两人感情相通。现比喻一个人说话，另一个人帮腔，彼此配合，相互响应。

〈提示〉“和”，这里读 hè，不读 hé。

〈造句〉是李明他俩一唱一和把小花气哭的。

〈用法〉含有讽刺、指责意味。

【一干二净】 yì gān èr jìng

〈释义〉①形容一点儿也不剩。

〈造句〉他们狼吞虎咽，一会儿功夫就把桌子上的饭菜吃得一干二净。

②形容非常整洁干净。

〈造句〉他们家院子不大，却打扫得一干二净。

【一差二错】 yì chā èr cuò

〈释义〉发生意外或差错。

〈造句〉你要是有个一差二错，家里的父母可怎么办呢。

【一清二楚】 yì qīng èr chǔ

〈释义〉形容非常清楚、明白。

〈造句〉这件事情的经过他一清二楚。

【一穷二白】 yì qióng èr bái

〈释义〉穷：穷困，指经济不发达。白：空空的，指科学文化落后。形容经济不发达，科学文化水平低，技术落后。

〈造句〉改革开放三十年，使祖国彻底改变了一穷二白的落后面貌。

〈用法〉多形容国家。

二

【二龙戏珠】èr lóng xì zhū

〈释义〉两条龙相对，戏玩着一颗宝珠。

〈造句〉台上“二龙戏珠”的精彩表演，获得台下观众一片掌声。

【二话不说】èr huà bù shuō

〈释义〉指来不及说话，立即行动。

〈造句〉见到有人落水，他二话不说就跳到河里去救人。

【二虎相斗，必有一伤】èr hǔ xiāng dòu, bì yǒu yì shāng

〈释义〉两只老虎争斗起来，必有一只要受伤。比喻敌对双方的势力都很强，斗争的结果，必有一方吃亏。

〈造句〉二虎相斗，必有一伤，你们还是心平气和的协商解决问题吧。

三

【三人成虎】sān rén chéng hǔ

〈释义〉只要有三个人谎传街上有老虎，听的人就信以为真了。比喻谣言说的人多了，就能使人信以为真。

〈造句〉近来关于地震的流言很多，以至三人成虎，弄得人心惶惶。

【三顾茅庐】sān gù máo lú

〈释义〉顾：拜(bài)访。茅庐：草房。三次到草房来拜访。比喻诚心诚意地一再邀(yāo)请。

〈造句〉校长三顾茅庐的真情打动了王老师，最终答应到我们校任教。

【三心二意】sān xīn èr yì

〈释义〉既想这样又想那样。形容犹豫不决，拿不定主意或意志不专一。

〈造句〉学习要一心一意，不能

三心二意。

【三言两语】sān yán liǎng yǔ

〈释义〉三、两：指数量少。三两句话。形容言语简短，只是很少的几句话。

〈造句〉这件事情不是三言两语就能说得清的。

【三长两短】sān cháng liǎng duǎn

〈释义〉指意外的灾祸或事故，特指死亡。

〈造句〉要是你有个三长两短，我怎么向你父母交待？

【三五成群】sān wǔ chéng qún

〈释义〉三个一伙、五个一群地聚在一起。

〈造句〉操场上，同学们三五成群玩着游戏，热闹极了。

【三头六臂】sān tóu liù bì

〈释义〉原指佛的法相有三个头、六条臂。后比喻人的本领高强，神通广大。

〈造句〉纵使我有三头六臂，在一天内也无法做完这么多的事。

【三十而立】sān shí ér lì

〈释义〉人到三十岁能够自立于社会。指人在三十岁前后开始有所成就。

〈造句〉都说三十而立，可他都三十好几了，连工作还没有。

【三令五申】sān lìng wǔ shēn

〈释义〉三、五：表示多次。令：命令。申：陈述，说明。多次命令，反复说明。指再三告诫(jiè)。

〈造句〉学校已三令五申严禁学生夏季野浴(yù)，可有的人还要明知故犯。

【三年五载】sān nián wǔ zǎi

〈释义〉三、五：表示很多。载：年。三五年的时间。指多年。

〈造句〉他们一家都外出打工

了，没个三年五载的不会回来。

【三番五次】sān fān wǔ cì

〈释义〉番：遍、次。形容次数很多。

〈造句〉小明三番五次地登门拜师，他的真心诚意终于打动了杨老师。

【三天打鱼，两天晒网】sān tiān dǎ yú，liǎng tiān shài wǎng

〈释义〉三天出去捕鱼，两天在家晒渔网。比喻学习、做事时常中断，没有恒心，不能坚持。

〈造句〉有了三天打鱼，两天晒网的毛病，什么事也做不成。

四

【四海为家】sì hǎi wéi jiā

〈释义〉四海：全国各地。全国到处可以作为家。指志在四方或到处漂泊，处处为家。

〈造句〉地质队员们为了工作四海为家。

【四面楚歌】sì miàn chǔ gē

〈释义〉楚歌：楚国的民歌。四面都是楚人的歌声。比喻四面受敌，处于孤立无援的困境。

〈造句〉警察重重包围，四面楚歌的歹徒只得束手就擒(qín)。

【四分五裂】sì fēn wǔ liè

〈释义〉分裂成许多块。形容分散、破碎，不完整，不统一。

〈造句〉战争使这个国家四分五裂，百姓流离失所。

【四面八方】sì miàn bā fāng

〈释义〉指周围的各个方面或各个地方。

〈造句〉参加这次抗震救灾的志愿者来自祖国的四面八方。

【四通八达】sì tōng bā dá

〈释义〉四面八方都有路可通行。形容交通非常便利。

〈造句〉北京的立交桥纵横交错，四通八达。

〈用法〉多用于交通方面。

【四平八稳】sì píng bā wěn

〈释义〉①形容物体摆放平稳。

〈造句〉这张八仙桌虽说旧了些,但仍然四平八稳,十分稳固。

②形容人说话、做事等稳当,不出差错。

〈造句〉他虽然年纪轻,但做起事来四平八稳,不出半点差错。

五

【五谷丰登】wǔ gǔ fēng dēng

〈释义〉五谷:泛指粮食作物。丰登:丰收。形容粮食大丰收。

〈造句〉今年年景好,风调雨顺、五谷丰登。

【五彩缤纷】wǔ cǎi bīn fēn

〈释义〉五彩:指各种颜色。缤纷:繁盛而交杂的样子。形容色彩繁多艳丽。

〈造句〉植物园里,各种鲜花竞相开放,五彩缤纷。

【五湖四海】wǔ hú sì hǎi

〈释义〉泛指全国各地,有时也指世界各地。

〈造句〉北京奥运会吸引了五湖四海的朋友来观看,可谓盛况空前。

【五颜六色】wǔ yán liù sè

〈释义〉各种各样的颜色。形容色彩繁多,非常鲜艳。

〈造句〉开幕式上,汇集了各国五颜六色的国旗,十分壮观。

【五花八门】wǔ huā bā mén

〈释义〉五花、八门:原指古代兵法中战术变化很多的五花阵和八门阵。后比喻事物变化莫测,花样繁多。

〈造句〉大家的想法五花八门,一时难以统一。

【五光十色】wǔ guāng shí sè

〈释义〉形容色彩艳丽,花样繁多。

〈造句〉最后,五光十色的焰火

把晚会推向高潮。

六

【六亲不认】 liù qīn bù rèn

〈释义〉六亲：泛指亲属。所有的亲属都不认。形容人无情无义或不讲情面，不徇（xùn）私情。

〈造句〉他秉公执法，六亲不认，是当代的包青天。

【六神无主】 liù shén wú zhǔ

〈释义〉六神：道教认为人的心、肺、肝、肾、脾、胆各有神灵主宰，泛指人们的精神意志。形容因害怕、着急等而心慌意乱，不知怎么办好。

〈造句〉孩子突然离家出走，急得家长六神无主。

七

【七窍生烟】 qī qiào shēng yān

〈释义〉窍：孔、洞。七窍：指两眼、两耳、两鼻孔和口。气愤得好像眼、耳、口、鼻里都冒出火来。形容气愤到了极点。

〈造句〉不争气的儿子又闯祸了，把他气得七窍生烟，暴跳如雷。

【七嘴八舌】 qī zuǐ bā shé

〈释义〉形容人多嘴杂，你一言我一语，议论纷纷。

〈造句〉老师刚把议题内容说完，同学们就七嘴八舌地讨论开了。

【七手八脚】 qī shǒu bā jiǎo

〈释义〉形容大家一齐动手，人多手杂，动作忙乱的样子。

〈造句〉大家七手八脚地把小偷捆个结实，送到派出所。

〈辨析〉七手八脚　手忙脚乱

它们都表示动作忙乱的意思。“七手八脚”强调众人手脚忙乱的情形；“手忙脚乱”可用于一个人，也可用于很多人。

【七上八下】qī shàng bā xià

〈释义〉形容心情起伏不定，心神不宁。

〈造句〉小明考试没及格，心里七上八下的，不知该怎样向父母交待。

〈辨析〉七上八下　忐忑不安

它们都有心神不定的意思。“七上八下”只能形容心情；“忐忑不安”既可形容心情，又可以形容表情。

【七长八短】qī cháng bā duǎn

〈释义〉形容长短、高低不齐。

〈造句〉为了赶时髦(máo)，他背着父母把头发弄得七长八短的。

【七拼八凑】qī pīn bā còu

〈释义〉拼、凑：把零碎的东西合在一起。把非常零碎的东西凑合在一起。

〈造句〉大家七拼八凑，终于给小华凑齐了路费。

【七零八落】qī líng bā luò

〈释义〉零、落：草、木枯萎而落下。草木凌乱地散落地上。形容零散、杂乱的样子。

〈造句〉他们宿舍内七零八落，一点都不整洁。

八

【八面玲珑】bā miàn líng lóng

〈释义〉玲珑：通明敞亮的样子。原指窗户多，通明敞亮。后形容为人处事灵活圆滑，面面俱到。

〈造句〉他为人处事见风使舵(duò)，八面玲珑。

〈用法〉含有讽刺意味，多形容能讨好各种人物的人。

【八仙过海，各显神通】bā xiān guò hǎi, gè xiǎn shén tōng

〈释义〉八仙：民间传说中的八位神仙，即汉钟离、张果老、韩湘子、铁拐李、吕洞宾、曹国

舅、蓝采和、何仙姑。传说中八位神仙过海时不用乘船，各自显示了高超的本领。比喻做事或比赛各有各的本领。也说“八仙过海，各显其能”。

〈造句〉这次发明创作比赛，真是“八仙过海，各显神通”。出了不少好作品。

九

【九霄云外】jiǔ xiāo yún wài

〈释义〉九霄：九重（chóng）天，指天的极高处。九重天的外面，指无限高远的地方。形容远得无影无踪。

〈造句〉只要一玩上篮球，他就把复习功课的事抛（pāo）到了九霄云外。

【九牛一毛】jiǔ niú yì máo

〈释义〉从牛身上的许多毛中拔下一根。比喻极大数量中的微小数量，微不足道。

〈造句〉拿出一万元，对他来说，不过是九牛一毛。

【九死一生】jiǔ sǐ yì shēng

〈释义〉九：表示多次。形容多次死里逃生或情况极其危险。

〈造句〉他的毅力真了不起，经历了九死一生，终于战胜了病魔。

十

【十年寒窗】shí nián hán chuāng

〈释义〉寒：寒冷，比喻艰苦。寒窗：指在寒冷的窗下读书。闭门苦读十年书。指在艰苦的环境下，长期刻苦读书。

〈造句〉他没有辜（gū）负十年寒窗的苦读，终于得到了一份理想的工作。

【十万火急】shí wàn huǒ jí

〈释义〉旧时紧急传递文书的常用批语。形容情况非常紧急，刻不容缓。

〈造句〉灾区又下暴雨，转移安置群众是十万火急的首要任务。

〈用法〉用于形容紧急的命令、公文、书信、电报等,也用于形容紧急的行动。

【十拿九稳】shí ná jiǔ wěn

〈释义〉十个之中有九个是有充分把握的。形容做事十分有把握。

〈造句〉这次比赛,杨丽十拿九稳得冠军。

〈用法〉多用于料事方面。

【十全十美】shí quán shí měi

〈释义〉形容十分完美,没有缺陷。

〈造句〉这件作品称得上是十全十美的精品。

百

【百花齐放】bǎi huā qí fàng

〈释义〉各种鲜花一齐开放。形容百花盛开,丰富多彩。也比喻各种不同形式和风格的艺术自由发展。

〈造句〉每到春天,岛上百花齐放,鸟语花香。

〈用法〉在形容艺术界的繁荣时,常与“百家争鸣”连用。

【百步穿杨】bǎi bù chuān yáng

〈释义〉穿:射穿。能在百步之外用箭射穿选定的杨树叶,形容箭法或枪法十分高超。

〈造句〉他以百步穿杨的本领夺得射击项目的奥运会冠军。

〈辨析〉百步穿杨　百发百中

它们都可以形容射击技术十分高超。“百步穿杨”偏重在远距离命中目标,“百发百中”偏重在每次都能命中目标。“百发百中”还能比喻料事有充分把握,而“百步穿杨”不能。

【百感交集】bǎi gǎn jiāo jí

〈释义〉感:感想。交:一齐,同时。各种感想都交织在一起。形容感想很多,难以表达。

〈造句〉每当提起那段难忘的经历,她都百感交集。

【百读不厌】 bǎi dú bù yàn

〈释义〉厌：厌烦，厌倦。读一百遍也不会感到厌烦。形容诗文、书籍等写得非常好，不论读多少遍也不感到厌倦。

〈造句〉古典名著《西游记》令人百读不厌。

【百年大计】 bǎi nián dà jì

〈释义〉计：设想，打算。指关系到长远利益的计划或措施。

〈造句〉发展教育事业是振兴中华的百年大计。

【百年不遇】 bǎi nián bù yù

〈释义〉一百年也碰不到一次。形容极难遇到。

〈造句〉这场百年不遇的特大洪水，造成了严重的损失。

〈用法〉多用于形容灾害、机会等。

【百里挑一】 bǎi lǐ tiāo yī

〈释义〉一百个里头挑出一个来。形容人才出众。

〈造句〉李明可是个百里挑一的好学生。

【百折不挠】 bǎi zhé bù náo

〈释义〉折：挫（cuò）折。挠：弯曲，比喻屈服。指无论受到多少挫折也不屈服。比喻意志坚强。

〈造句〉要想取得成功，就必须有百折不挠的毅力。

【百发百中】 bǎi fā bǎi zhòng

〈释义〉中：命中目标。发射一百次就命中一百次。形容射击技术高超，每次都命中目标。

〈提示〉“中”，这里读 zhòng，不读 zhōng。

〈造句〉爸爸在部队是百发百中的神枪手。

〈辨析〉见“百步穿杨”。

【百战百胜】 bǎi zhàn bǎi shèng

〈释义〉打一百次仗就胜一百

次。形容每战必胜，所向无敌。

〈造句〉经验告诉我们，只有知己知彼，才能百战百胜。

【百依百顺】bǎi yī bǎi shùn

〈释义〉什么都依从，一切都顺从。

〈造句〉父母把她视若掌上明珠，对她百依百顺。

【百闻不如一见】bǎi wén bù rú yí jiàn

〈释义〉闻：听见。听别人讲一百次也不如亲眼看见一次。指亲眼看到比听到更可靠、更深刻。

〈造句〉真是百闻不如一见，亲自来到黄果树瀑布，真正体会到了它那排山倒海的气势。

千

【千钧一发】qiān jūn yí fà

〈释义〉钧：古代重量单位，一钧合 30 斤。千钧重物吊在一根头发上。比喻情况万分危急。也说"一发千钧"。

〈提示〉"钧"，读 jūn，不要写作"斤"。

〈造句〉在失控的汽车即将撞上小孩的千钧一发之际，一名武警战士冲上前去一把拉开了孩子。

【千里迢迢】qiān lǐ tiáo tiáo

〈释义〉迢迢：遥远的样子。形容路途十分遥远。

〈提示〉"迢"，读 tiáo。

〈造句〉地震发生后，志愿者们千里迢迢来到灾区，帮助灾区人民重建家园。

【千里送鹅毛】qiān lǐ sòng é máo

〈释义〉从千里远的地方送来鹅毛作礼物。比喻礼物虽轻但情意深厚。

〈造句〉他千里送鹅毛，使我非常感动。

〈用法〉常与"礼轻情意重"

连用。

【千姿百态】qiān zī bǎi tài
〈释义〉姿、态：样子。形容姿态多种多样，丰富多彩。
〈造句〉在世界园艺博览会上，展出的奇花异草千姿百态，让人目不暇接。

【千方百计】qiān fāng bǎi jì
〈释义〉方：办法。计：计策，计谋。想尽一切办法，用尽一切计谋。
〈造句〉他千方百计借钱为儿子治病。

【千奇百怪】qiān qí bǎi guài
〈释义〉形容各种各样稀奇古怪的事物。
〈造句〉海底世界的生物十分丰富，它们的形状千奇百怪。

【千锤百炼】qiān chuí bǎi liàn
〈释义〉锤：用锤子敲（qiāo）击。炼：用火烧炼。一千次锤打，一百次磨炼。
〈提示〉“炼”（liàn），指用火烧炼，左偏旁是“火”，不要写作“练习”的“练”。
①比喻写文章经过反复推敲，多次修改。
〈造句〉这篇经典论文，曾经十易其稿，是经过千锤百炼才写成的。
②比喻经历多次的磨炼和考验。
〈造句〉这些武警官兵都是在千锤百炼中磨炼出来的钢铁战士。

【千山万水】qiān shān wàn shuǐ
〈释义〉水：指江、河、湖、海。千重山，万条河。形容道路遥远而艰险。也说“万水千山”。
〈造句〉红军历经千山万水，克服重重困难，取得了长征的胜利。

【千军万马】qiān jūn wàn mǎ
〈释义〉成千上万的士兵和战

马。形容人马极多，声势浩大。

〈造句〉每年八月十八的钱塘江大潮犹如千军万马，奔腾而至。

【千言万语】 qiān yán wàn yǔ

〈释义〉形容许许多多的话语。

〈造句〉见到自己的恩人，他激动得热泪盈眶，千言万语，一时却又不知从何说起。

【千头万绪】 qiān tóu wàn xù

〈释义〉绪：丝、线的头。比喻事物的开端。头绪极多。形容事情头绪纷繁复杂。

〈造句〉刚开学的事情千头万绪，班主任老师非常繁忙。

〈辨析〉见“千丝万缕”。

【千丝万缕】 qiān sī wàn lǚ

〈释义〉缕：线。千根丝，万根线。形容关系密切而又复杂。

〈造句〉这两件事之间有千丝万缕的联系，不能简单独立地对待。

〈辨析〉千丝万缕　千头万绪

它们都含有非常复杂的意思。“千丝万缕”重在形容两者之间的联系复杂或密切；“千头万绪”重在形容事情头绪繁多。

【千秋万代】 qiān qiū wàn dài

〈释义〉秋：年。一千年，一万代。指世世代代。非常长久的时间。

〈造句〉“百年大计，教育为本”。教育是关系到千秋万代的大事。

【千差万别】 qiān chā wàn bié

〈释义〉形容各种各样的差别很多。

〈造句〉姐妹俩虽是双胞胎，但性格却千差万别。

【千变万化】 qiān biàn wàn huà

〈释义〉形容事物变化极多。

〈造句〉这儿的天气千变万化，

所以每天必须听天气预报。

【千辛万苦】qiān xīn wàn kǔ

〈释义〉形容许许多多、各种各样的艰辛困苦。

〈造句〉她历尽千辛万苦，才把四个儿女养大成人。

【千真万确】qiān zhēn wàn què

〈释义〉确：确实，真实。形容绝对真实，不容置疑。

〈造句〉他打人这件事千真万确，我们当时都在场。

【千难万险】qiān nán wàn xiǎn

〈释义〉形容困难和危险非常多。

〈造句〉为及时抢救伤员，纵有千难万险，医疗队也要按时赶到灾区。

万

【万马奔腾】wàn mǎ bēn téng

〈释义〉奔腾：奔跑，跳跃。像无数匹马奔跑跳跃。形容声势浩大或场面壮观。

〈造句〉大瀑布如万马奔腾，倾泻而下。

【万物复苏】wàn wù fù sū

〈释义〉一切生物又都苏醒了。指春天草木开始生长。

〈造句〉春天万物复苏，大地一片生机勃勃。

【万象更新】wàn xiàng gēng xīn

〈释义〉万象：宇宙间的一切景象。更：改变，变更。一切事物或景象都变得焕然一新。

〈提示〉“更”，这里读 gēng，不读 gèng。

〈造句〉改革的春风，使祖国大地万象更新。

【万事如意】wàn shì rú yì

〈释义〉所有的事都很顺心。

〈造句〉祝福全国人民合家欢乐，万事如意。

〈用法〉多用于祝颂。

【万众一心】wàn zhòng yì xīn

〈释义〉千万人一条心。形容团结一致。

〈造句〉只要万众一心，没有战胜不了的困难。

【万紫千红】wàn zǐ qiān hóng

〈释义〉①形容百花盛开，绚丽多彩的景象。

〈造句〉万紫千红的百花园，令人流连忘返。

〈释义〉比喻事物丰富多彩、繁荣兴旺的景象。

〈造句〉现在的商场万紫千红，各种商品应有尽有。

〈辨析〉万紫千红　姹紫嫣红

它们都含有花多，色彩艳丽的意思。“万紫千红”不但可以形容花，还可以形容人、文章等或比喻景象繁荣兴盛，事物丰富多彩；而“姹紫嫣红”只可以形容花。

七、近义组合

一、三字近义

【捕风捉影】bǔ fēng zhuō yǐng

〈释义〉捕捉风和影子。比喻说话做事没有确凿（záo）的事实根据，只以听说或单凭自己的猜测作为根据。

〈提示〉“捕”，读 bǔ，不读 pǔ。

〈造句〉你不要总是捕风捉影地谈论别人，说话要有根据。

【调兵遣将】diào bīng qiǎn jiàng

〈释义〉调：调动。遣：派遣。调动兵马，派遣将领。指安排调动人力。

〈造句〉灾害发生后，政府及时调兵遣将，全力组织救援。

【丢盔弃甲】diū kuī qì jiǎ

〈释义〉盔、甲：古代作战时用来保护头和身体的头盔和铠（kǎi）甲。丢掉头盔，扔掉铠甲。形容失败后狼狈逃跑的样子。也说“丢盔卸（xiè）甲”。

〈造句〉英勇的八路军打得敌人丢盔弃甲，落荒而逃。

〈用法〉含讽刺意味。

【翻山越岭】fān shān yuè lǐng

〈释义〉翻越一座座山岭。形容走山路或长途奔波的劳苦。

〈造句〉运送救灾物资的车队翻山越岭，火速奔赴灾区。

【粉身碎骨】fěn shēn suì gǔ

〈释义〉全身粉碎而死。形容为了实现目标而不惜牺牲生命。

〈造句〉为了祖国和人民的利益，就是粉身碎骨我们也在所不惜。

〈用法〉形容不惜牺牲生命时，多指为正义事义，含称颂意味。

【呼风唤雨】hū fēng huàn yǔ

〈释义〉原指神仙道士的法力高明，要风就会刮风，要雨就会下雨。现比喻人有支配自然的力量。

〈造句〉他年轻的时候，在这一带也算是个呼风唤雨的人物。

【胡思乱想】hú sī luàn xiǎng

〈释义〉脱离实际、没有根据地想来想去。

〈造句〉正当她一个人在房间里胡思乱想的时候，妈妈走了进来。

〈用法〉指人精神不集中，乱幻想。

【祸国殃民】huò guó yāng mín

〈释义〉祸、殃：损害。使国家受害，人民遭殃。

〈造句〉那些祸国殃民的民族败类，将永远受到人民的唾(tuò)骂。

【良师益友】liáng shī yì yǒu

〈释义〉良，益：好。能给人以教益和帮助的好老师、好朋友。

〈造句〉病床上，书籍成了每天陪伴他的良师益友。

【奇珍异宝】qí zhēn yì bǎo

〈释义〉珍奇、稀有的宝物。

〈造句〉故宫博物院里收藏的奇珍异宝不计其数。

【如花似玉】rú huā sì yù

〈释义〉像花一样艳丽，像玉一样美好。形容女子容貌十分美丽。

〈造句〉这些女孩子打扮起来个个如花似玉，引人注目。

【伤天害理】shāng tiān hài lǐ

〈释义〉伤、害：损害。天：天然的道理。理：伦理。形容做事凶狠残忍，没有人性。

〈造句〉为了发财，他干了不少伤天害理的事。

【深情厚意】shēn qíng hòu yì

〈释义〉深、厚：重。深厚的情意。

〈造句〉我永远忘不了同学们

对我的无私帮助和深情厚意。

【添砖加瓦】tiān zhuān jiā wǎ

〈释义〉比喻竭（jié）尽自己的微薄之力，做一些工作，尽一份力量。

〈造句〉我们现在要努力学习科学文化知识，将来为建设伟大的祖国添砖加瓦。

【歪门邪道】wāi mén xié dào

〈释义〉邪：不正当。指不正当的门路或坏主意。也说“邪门歪道”。

〈造句〉我们要靠刻苦学习提高成绩，决不能搞考试作弊（bì）等歪门邪道。

【行尸走肉】xíng shī zǒu ròu

〈释义〉行尸：行走的尸体。走动着的尸体，行走着的没有灵魂（hún）的肉体。比喻没有理想，碌碌无为，糊里糊涂混日子的人。

〈造句〉他靠着父母留下的遗产，过着行尸走肉般的生活。

〈用法〉多用来比喻碌碌无为的人。

【虚情假意】xū qíng jiǎ yì

〈释义〉虚：假。虚假的情意。形容待人没有诚意，只是虚伪（wěi）做作，假装殷（yīn）勤。

〈造句〉他这个人对谁都虚情假意，所以才交不到真心朋友。

【游山玩水】yóu shān wán shuǐ

〈释义〉到有山有水的地方游玩，观赏自然风景。

〈造句〉暑假，我们一家人去桂林游山玩水。

【真凭实据】zhēn píng shí jù

〈释义〉凭：凭证，证据。真实可靠的凭据。

〈造句〉这话可不能乱说，要有真凭实据。

【争分夺秒】zhēng fēn duó miǎo

〈释义〉一分一秒都不放过。形容非常珍惜时间。

〈造句〉为了实现自己的远大理想，她每天都在争分夺秒地学习。

【遵纪守法】zūn jì shǒu fǎ

〈释义〉遵守纪律和法律。

〈造句〉我们每个人都应该做遵纪守法的好公民。

二、四字近义

【不知不觉】bù zhī bù jué

〈释义〉觉：觉察。没有意识到，没有觉察到。现多指没有注意到。

〈造句〉时间过得真快，不知不觉新的一年又开始了。

【地动山摇】dì dòng shān yáo

〈释义〉地震动，山摇晃。形容震动的剧烈。

〈造句〉在一声地动山摇的爆破声过后，那幢(zhuàng)废弃的危楼訇(hōng)然倒塌(tā)。

【国泰民安】guó tài mín ān

〈释义〉泰：平安、安定。国家安定太平，人民平安快乐。

〈造句〉只有坚持改革开放，才能实现国泰民安、繁荣富强的目标。

【豪言壮语】háo yán zhuàng yǔ

〈释义〉豪迈而雄壮的话语。

〈造句〉英雄虽然没有留下豪言壮语，但他舍己救人的壮举却令每个人感动。

〈用法〉形容英雄气概。

【胡言乱语】hú yán luàn yǔ

〈释义〉指毫无根据地随意乱说。

〈造句〉说话要负责任，你可不能胡言乱语。

【花言巧语】huā yán qiǎo yǔ

〈释义〉用来骗人的虚伪(wěi)而动听的谎(huǎng)话。

〈造句〉大家千万不要听信他的花言巧语。

〈用法〉形容人用动听的谎话骗人。

【货真价实】 huò zhēn jià shí

〈释义〉货物不是冒牌的，价钱也公平。原为商人招揽（lǎn）生意的用语，现形容实实在在，没有虚假。

〈造句〉这家超市品种齐全，货真价实，老百姓都喜欢来这儿购物。

【家喻户晓】 jiā yù hù xiǎo

〈释义〉喻：明白。晓：知道。家家户户都知道。比喻每个人都知道。

〈造句〉我国的富民政策家喻户晓，人人皆知。

〈用法〉形容某件事情所有的人都知道。

【流言蜚语】 liú yán fēi yǔ

〈释义〉蜚：指没有根据的。流传没有根据的话。指背后散布的谣言或挑拨的坏话。

〈提示〉“蜚”，读 fēi，下面是“虫”，不要写作“非”。

〈造句〉这些流言蜚语，给李老师造成了很大的压力。

〈用法〉多用于对人的诬（wū）蔑（miè）、中伤。

【你追我赶】 nǐ zhuī wǒ gǎn

〈释义〉你追上来，我赶上去。形容互相追赶，谁也不甘落后。

〈造句〉只见同学们你追我赶，干得热火朝天。

【弄虚作假】 nòng xū zuò jiǎ

〈释义〉玩弄手段，用虚假的一套来欺骗人。

〈造句〉他因为在食品质量检查中弄虚作假而遭到严厉的处罚。

〈用法〉多用在制造假象方面。

【日积月累】 rì jī yuè lěi

〈释义〉一天天、一月月不断地

积累。形容长时间不断地积累。

〈造句〉知识的获得要靠日积月累和坚持不懈(xiè)的努力。

〈用法〉用于金钱、知识、本领、词语等的积累。

【日久天长】rì jiǔ tiān cháng

〈释义〉日、天：指时间。形容时间很长。

〈造句〉日久天长，小水滴也会把石头滴穿。

【身强力壮】shēn qiáng lì zhuàng

〈释义〉身体强壮，力气很大。

〈造句〉一个身强力壮的小伙子把落水儿童救上岸就走了。

【诗情画意】shī qíng huà yì

〈释义〉情：情趣。意：意境。诗歌绘画中蕴(yùn)含的情感、意境。形容自然景色很美好，好像诗、画中的境界。

〈造句〉桂林的山，漓江的水，处处充满诗情画意。

【天灾人祸】tiān zāi rén huò

〈释义〉天：自然。自然的和人为的祸患(huàn)。

〈造句〉这座历史博物馆屡遭天灾人祸，里面的文物损失不少。

【甜言蜜语】tián yán mì yǔ

〈释义〉说的话像蜜一样甜。指为了讨好别人或哄骗人而说的好听的话。

〈提示〉“蜜”(mì)，是“蜜蜂”的“蜜”，下面是“虫”，不要写作“山”。

〈造句〉他甜言蜜语地说了很多，一定是别有用心。

【无边无际】wú biān wú jì

〈释义〉无：没有。边、际：界限，边缘(yuán)。没有边际。形容极为广阔，看不到边际。也说“无边无垠”。

〈造句〉在船上放眼望去，只见沧(cāng)海茫茫，无边无际。

【无忧无虑】 wú yōu wú lǜ

〈释义〉无：没有。忧：忧愁。虑：担心，忧虑。没有忧愁，没有顾虑。形容心情安然舒适，没有任何忧虑的事。

〈造句〉孩子们过着无忧无虑的生活。

〈用法〉多用于人的心情方面。

【无影无踪】 wú yǐng wú zōng

〈释义〉影：影子。踪：脚印，踪迹。没有一点儿影子、踪迹。形容完全消失，不知去向。

〈造句〉小偷钻进胡同，一下子就消失得无影无踪了。

【无依无靠】 wú yī wú kào

〈释义〉没有依靠。形容孤苦伶（líng）仃（dīng），没人照顾。

〈造句〉那个小孩是个无依无靠的孤儿。

【无拘无束】 wú jū wú shù

〈释义〉拘、束：限制、约束。非常自由、没有约束。

〈造句〉孩子们在院子里无拘无束地玩耍（shuǎ）着。

〈用法〉用于形容人或动物生活自由，没有拘束。

【无缘无故】 wú yuán wú gù

〈释义〉缘、故：原因。没有任何原因或道理。

〈造句〉他最近心情不好，经常无缘无故地发脾气。

【闲言碎语】 xián yán suì yǔ

〈释义〉指在背后散布的难听的话。

〈造句〉他没有因为这些闲言碎语而放弃对理想的追求。

八、反义组合

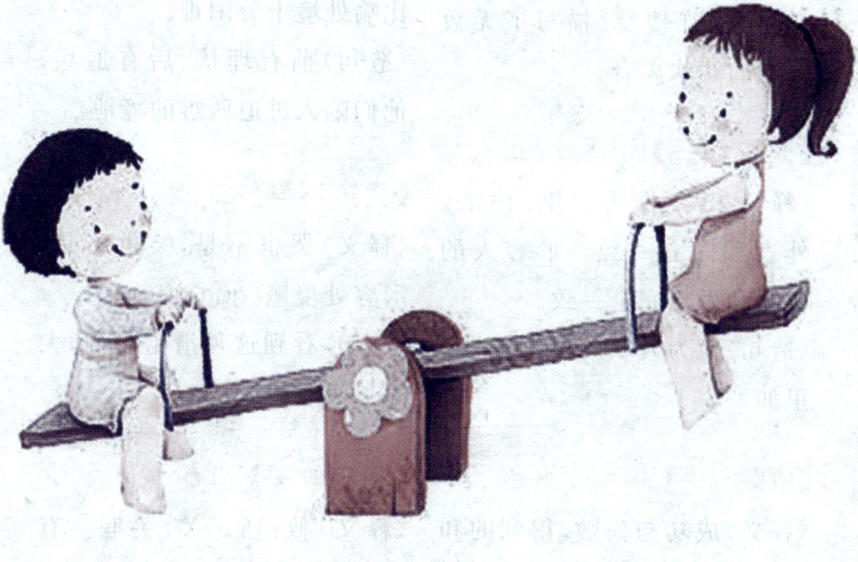

一、二字反义

【悲喜交集】bēi xǐ jiāo jí

〈释义〉悲伤和喜悦的感情交织在一起。也说“悲喜交加”。

〈造句〉听说杀害儿子的凶手被绳之以法，老人家不由得悲喜交集，老泪纵横。

【悲欢离合】bēi huān lí hé

〈释义〉悲伤、欢乐、离别、团聚。泛指生活中经历的各种不同的感情、遭遇。

〈造句〉《红楼梦》描写了无数人物的悲欢离合。

【表里如一】biǎo lǐ rú yī

〈释义〉表：外表。里：内心。外表和内心一致。形容人的言行和思想完全一致。

〈造句〉他为人耿（gěng）直，表里如一。

【成败得失】chéng bài dé shī

〈释义〉成功与失败，得到的和失去的。

〈造句〉大公无私的人，从来不会计较个人的成败得失。

【黑白分明】hēi bái fēn míng

〈释义〉黑色和白色对比清楚鲜明。比喻对是非、好坏区分得很清楚。

〈造句〉经过一番激烈的争论，现在谁是谁非，已经黑白分明了。

【进退两难】jìn tuì liǎng nán

〈释义〉前进、后退都有困难。比喻处境十分困难。

〈造句〉前有埋伏、后有追兵，他们陷入进退两难的境地。

【哭笑不得】kū xiào bù dé

〈释义〉哭也不是，笑也不是。形容处境尴（gān）尬（gà）。

〈造句〉看到这种滑稽场面，大家哭笑不得。

【利害攸关】lì hài yōu guān

〈释义〉攸：所。关：关联。有

密切的利害关系。

〈造句〉这事与我们利害攸关，一定要齐心协力共同做好。

【轻重倒置】qīng zhòng dào zhì

〈释义〉置：放置。指轻重、主次的位置放颠(diān)倒了。

〈造句〉写文章一定要抓住中心，切不可轻重倒置，主次不分。

【软硬兼施】ruǎn yìng jiān shī

〈释义〉兼施：同时施展。软的硬的手段一齐使用。

〈造句〉尽管敌人对他软硬兼施，但他始终没有屈服。

【生死攸关】shēng sǐ yōu guān

〈释义〉攸：所。关：关系。关系到人的生存和死亡。形容情势非常危急，已经到了决定生死的关键(jiàn)时刻。

〈造句〉在那生死攸关的危急时刻，是他冲进火海救出了孩子。

【始终如一】shǐ zhōng rú yī

〈释义〉从开始到结束都一样。形容能坚持到底。

〈造句〉十多年来，她始终如一坚持赡(shàn)养孤寡(guǎ)老人。

【是非曲直】shì fēi qū zhí

〈释义〉是：正确。非：错误。曲直：无理和有理。事情的正确与错误，有理与无理。指对事情的评断。

〈造句〉要把事情的是非曲直搞清楚，再进行批评教育。

〈用法〉多对发生争论的双方谁对谁错而言。

【文武双全】wén wǔ shuāng quán

〈释义〉文：文才。武：军事方面的才干。指人既有文才，又有武功，能文能武，才能出众。

〈造句〉他文武双全、智勇兼备，是个难得的人才。

【阴阳怪气】yīn yáng guài qì

〈释义〉形容说话时的语气、神态奇怪，让人猜不透真正意图。

〈造句〉有话直说，别阴阳怪气的。

【远近闻名】yuǎn jìn wén míng

〈释义〉远处和近处的人都知道某人的名字。形容人的名声很大。

〈造句〉这几年靠科技致富，她成了远近闻名的女能人。

【朝夕相处】zhāo xī xiāng chǔ

〈释义〉朝夕：从早到晚，指天天，时时。相处：一起居住交往。长期在一起生活，关系密切。

〈提示〉“处”，这里读 chǔ，不读 chù。

〈造句〉一想到转学后，将要与朝夕相处的同学分别，心里就特别难过。

【纵横交错】zòng héng jiāo cuò

〈释义〉纵：南北方向。横：东西方向。交错：交叉，错杂。横的竖的交叉在一起。形容事物互相交错，错综复杂。

〈造句〉北京的道路纵横交错，车辆川流不息。

〈用法〉多用于道路、河流、山脉等。

【左右为难】zuǒ yòu wéi nán

〈释义〉不管怎样做都觉得有难处。

〈造句〉他们俩都不错，选谁呢？真有点左右为难。

【坐立不安】zuò lì bù ān

〈释义〉坐着站着都不安稳。形容心烦意乱，焦躁(zào)不安的样子。

〈造句〉这件事让她茶饭无心，坐立不安。

一、三字反义

【长吁短叹】cháng xū duǎn tàn

〈释义〉吁：叹气。长一声短一声不住地叹气。形容非常发愁的样子。

〈造句〉看他长吁短叹的样子，想必是遇到什么难处了。

【出生入死】 chū shēng rù sǐ

〈释义〉原指人从出生到死去。现多指冒着生命危险参加战斗，不顾个人安危。

〈造句〉他为了中国的解放事业，出生入死一生，立下不少战功。

〈用法〉多用来称颂。

【大街小巷】 dà jiē xiǎo xiàng

〈释义〉巷：胡同。大大小小的街道、胡同。泛指城市的各个地方。

〈造句〉每当夜幕降临，北京城的大街小巷流光溢（yì）彩，灯火辉煌。

【大材小用】 dà cái xiǎo yòng

〈释义〉把大材料当作小材料使用。比喻用人不当，埋没人才。

〈造句〉让这个学软件的高材生去当保安，实在有些大材小用。

〈用法〉多含指责、抱怨意味。

【大同小异】 dà tóng xiǎo yì

〈释义〉异：不同，差别。大体相同，稍有差异。

〈提示〉“异”，读 yì。

〈造句〉现在许多教辅书的内容都是大同小异，没有多少用处。

【大惊小怪】 dà jīng xiǎo guài

〈释义〉形容对不足为奇的事情过分惊讶（yà）。

〈造句〉对这种打扮不必大惊小怪，年轻人就喜欢张扬个性。

【东张西望】 dōng zhāng xī wàng

〈释义〉这边看看，那边望望。形容漫无目的地向四周张望。

〈造句〉考试时不要东张西望。

【东奔西走】dōng bēn xī zǒu

〈释义〉到处奔波。形容为生活所迫或为某一目的而四处奔走活动。

〈造句〉为了上大学的女儿，她东奔西走四处借钱，终于在开学之前凑足了学费。

【东倒西歪】dōng dǎo xī wāi

〈释义〉①形容脚下没根儿，站立、行走摇晃不稳。

〈提示〉“倒”，这里读 dǎo，不读 dào。

〈造句〉这个人走路东倒西歪的，一定是喝醉了。

② 形容物体放得倾(qīng) 斜不规整。

〈造句〉书架上，东倒西歪地堆满了书本。

【东拉西扯】dōng lā xī chě

〈释义〉一会儿说东，一会儿说西。形容说话没有中心，东一句、西一句地闲聊(liáo)。

〈造句〉抓紧说正事，不要东拉西扯的耽误时间。

【古往今来】gǔ wǎng jīn lái

〈释义〉从古代到现在。

〈造句〉古往今来，不少英雄豪杰为了中华民族的掘起而献出了自己宝贵的生命。

【寒来暑往】hán lái shǔ wǎng

〈释义〉夏天过去，冬天将要到来。泛指四季更替，时光流逝(shì)。也说“暑往寒来”。

〈造句〉经过六个寒来暑往的努力，她的小说终于和读者见面了。

〈用法〉比喻时间的更替、流失。

【来龙去脉】lái lóng qù mài

〈释义〉旧时看风水的人把山脉比做一条龙，认为从头到尾都像血脉似的连贯着，可以看出从哪儿来，到哪儿去。后来比喻人、物的来历或事情的前因后果。

〈造句〉你别急，我现在就把事情的来龙去脉都告诉你。

【冷嘲热讽】lěng cháo rè fěng

〈释义〉冷：不热情，尖刻。热：炽(chì)热，辛辣。尖刻地嘲笑，辛辣地讥(jī)讽。指尖酸刻薄地嘲笑、讥讽。

〈造句〉我们对成绩落后的同学决不能冷嘲热讽，而要给予鼓励和帮助。

【里应外合】lǐ yìng wài hé

〈释义〉应：接应。合：配合。里面的人接应，外面的人攻打。联合起来攻击对方。泛指内外配合呼应。

〈提示〉“应”，这里读 yìng，不读 yīng。

〈造句〉他们提前潜入城中，与攻城部队里应外合消灭了敌人。

〈用法〉多用于战争或其他的斗争。

【明争暗斗】míng zhēng àn dòu

〈释义〉表面上争，暗地里斗。形容相互勾心斗角争权夺利。

〈造句〉他俩一直明争暗斗，现在竟然和好了。

【南腔北调】nán qiāng běi diào

〈释义〉南、北：指我国的南方和北方。腔、调：指说话的声音、语气。形容口音不纯，说话夹杂各地方言。

〈造句〉深圳(zhèn)是一个移民城市，各种南腔北调方言在这里都可以听到。

【南来北往】nán lái běi wǎng

〈释义〉南、北：泛指四处。形容行人、车马等来来往往。

〈造句〉路旁这家川味火锅店远近闻名，南来北往的人都要去尝一尝。

【南征北战】nán zhēng běi zhàn

〈释义〉南、北：泛指四处。征：征讨。转战南北，进行讨伐

(fá)。形容经历许多战争。

〈造句〉毛主席领导中国人民解放军南征北战，终于解放了全中国。

〈用法〉多用于战争方面。

【前因后果】qián yīn hòu guǒ

〈释义〉因：起因。果：结果。事情的起因和结果。泛指事情的整个过程。

〈造句〉他把事情的前因后果一五一十地跟我说了一遍。

【前思后想】qián sī hòu xiǎng

〈释义〉前：前因。后：后果。反复考虑事情发生的前因后果。也说“思前想后”。

〈造句〉我撒(sā)谎(huǎng)了，事后前思后想，决定向妈妈承认错误。

〈用法〉多用于心中苦闷、遇到难题、决定对策等方面。

【前仰后合】qián yǎng hòu hé

〈释义〉身体前后晃动。多形容人在大笑、醉酒或困倦(juàn)时站立不稳的样子。

〈造句〉他讲的笑话把大家逗得前仰后合。

【前呼后拥】qián hū hòu yōng

〈释义〉前面有人吆(yāo)喝开道，后面有人簇(cù)拥着保护。

①形容出行时随从众多，声势显赫(hè)。

〈造句〉这个阔少爷，每次出门都是前呼后拥的。

②形容成群结队而来。

〈造句〉球赛马上开始了，球迷们兴高采烈，前呼后拥地进入体育场。

【前赴后继】qián fù hòu jì

〈释义〉赴：奔赴。继：继续。前面的人冲上去，后面的人紧跟着上去。形容不怕牺牲，勇往直前。

〈造句〉我们的战士在战斗中前赴后继，勇往直前。

【弱肉强食】ruò ròu qiáng shí

〈释义〉弱：弱者。强：强者。原指动物界中弱者的肉被强者吞食。现比喻力量弱小的被力量强大的欺压、吞并。

〈造句〉世界史中，强者为王、弱肉强食的例子太多了。

【深入浅出】shēn rù qiǎn chū

〈释义〉所讲的内容很深刻，使用的语言却浅显易懂。

〈造句〉周老师把难懂的数学讲得形象生动、深入浅出，同学们都喜欢听。

【生离死别】shēng lí sǐ bié

〈释义〉指活人分离好像和死者永别一样。形容很难再见或永久别离。

〈造句〉眼前的生离死别场面，令所有人潸(shān)然泪下。

【死去活来】sǐ qù huó lái

〈释义〉昏死过去又苏醒过来。形容极度疼痛或悲伤。

〈造句〉儿子不幸身亡，年轻的父母哭得死去活来。

〈用法〉用于形容被打得很惨或哭得很惨。

【天高地厚】tiān gāo dì hòu

〈释义〉原指天地广大辽阔。后形容恩德像天地那样浓厚。

〈造句〉继母对你的恩德天高地厚，你到什么时候也不能忘了她。

〈用法〉多用在受人恩德方面，它的否定式用于形容不懂事，做了后果非常严重的事。

【天寒地冻】tiān hán dì dòng

〈释义〉形容天气非常寒冷，大地到处结冰。

〈造句〉数九后的东北，一片天寒地冻。

【天昏地暗】tiān hūn dì àn

〈释义〉昏：昏暗，天黑。天色昏暗，大地无光。多指云雾遮蔽日月或风沙漫天的景象。

〈造句〉肆(sì)虐(nüè)的沙尘暴把整个城区搅得天昏地暗。

【天崩地裂】 tiān bēng dì liè

〈释义〉崩:倒塌(tā)。天倒塌,地裂开。形容声响巨大或震动剧烈。

〈造句〉外面突然传来天崩地裂的一声巨响,原来是煤气罐(guàn)爆(bào)炸了。

【天旋地转】 tiān xuán dì zhuàn

〈释义〉旋:转动。天地都在转动。形容由于眩晕而感到天地都在转动。

〈造句〉当时我只觉得天旋地转,便失去了知觉。

【天南地北】 tiān nán dì běi

〈释义〉一个在天南,一个在地北。也说“天南海北”。

①形容分离两地相距很远或泛指各地。

〈造句〉他们虽然来自天南地北,但相处得像亲兄弟一样。

②形容说话或写文章漫无边际。

〈造句〉空闲时,大家总爱坐在一起天南地北地闲聊(liáo)。

【天罗地网】 tiān luó dì wǎng

〈释义〉罗:捕鸟的网。用天作罗,以地为网。指天上地下到处都是罗网。比喻设下非常严密的包围圈。

〈造句〉公安干警已布下了天罗地网,这次凶手插翅难逃。

【天经地义】 tiān jīng dì yì

〈释义〉经:义理,法则。义:正理。天地间历久不变的常理。指事情理所当然,无可置疑。

〈造句〉欠债还钱,这是天经地义的事。

〈用法〉用于比喻非常正确的道理。

【天长地久】 tiān cháng dì jiǔ

〈释义〉像天地存在的时间一样长久,原指天地存在的时间久远。后形容时间长久、永恒。

〈造句〉祝愿我们的友谊天长地久，万古长青。

【天诛地灭】 tiān zhū dì miè

〈释义〉诛：杀死。天要杀死它，地要毁灭它。形容罪恶深重，为天地所不容。

〈造句〉这伙罪犯的暴行天诛地灭，必须严惩。

〈用法〉多用在咒骂或起誓（shì）上。

【无独有偶】 wú dú yǒu ǒu

〈释义〉独：单独，一个。偶：对，成对。并不是一个，还有一个和它正好配对的。

〈造句〉无独有偶，没过两天，该校又发生了一起相同的盗窃案。

【先人后己】 xiān rén hòu jǐ

〈释义〉先为别人着想，然后才想到自己。

〈造句〉他乐于助人、先人后己的崇（chóng）高品质，受到了老师和同学的一致称赞（zàn）。

【先礼后兵】 xiān lǐ hòu bīng

〈释义〉礼：礼貌。兵：武力。先以礼貌对待，行不通时再使用武力或强硬手段。

〈造句〉我们这样做是先礼后兵，如果商量不成就法庭上见。

【先来后到】 xiān lái hòu dào

〈释义〉指按照来的先后早晚排定顺序。

〈造句〉大家自觉地按先来后到的顺序排好了队。

【先斩后奏】 xiān zhǎn hòu zòu

〈释义〉斩：砍头。奏：古代臣子向皇帝报告。原指先把人杀了再向上级报告。现比喻做事情事先不请示，先采取行动，然后再向上级报告或向有

关人说明。

〈造句〉这件事应该先向老师请示，不能先斩后奏。

【小题大做】 xiǎo tí dà zuò

〈释义〉比喻把小事当作大事情来处理，有不值得这样做的意思。

〈造句〉这点儿小事也要开会，未免有些小题大做。

【凶多吉少】 xiōng duō jí shǎo

〈释义〉凶：不吉利，不幸。吉：吉利。凶险的可能性多，吉利的可能性少。指情况不妙。

〈造句〉这孩子伤得很重，恐怕凶多吉少。

〈用法〉用于对事态发展的预测（cè）。

【阳奉阴违】 yáng fèng yīn wéi

〈释义〉阳：指表面上。阴：指背地里。指表面上遵从，暗地里违背。比喻当面一套背后一套。

〈造句〉为人处事不要口是心非，阳奉阴违。

〈用法〉多含讽刺，轻蔑意味。

【阴差阳错】 yīn chā yáng cuò

〈释义〉差：错误。指把阴阳弄混了。比喻由于偶然因素而造成了差错。也说“阴错阳差”。

〈提示〉“差”，这里读 chā，不读 chà。

〈造句〉我的理想是当一名医生，可是阴差阳错，最后竟成了一名记者。

【优胜劣汰】 yōu shèng liè tài

〈释义〉优：优良，优越。劣：坏，低劣。原指生物演变进化过程中，优良的获得胜利而得以生存，低劣的失败而被淘汰。后用以说明人类社会的竞争现象。

〈提示〉“劣”，读 liè，不读 liě。

〈造句〉在自然界中，生物从古至今都遵循着优胜劣汰的规律。

〈用法〉多用来指生物在生存竞争中或人类社会竞争中强者保留下来，弱者被自然淘汰。

【有头无尾】yǒu tóu wú wěi

〈释义〉只有开头，没有结尾。指说话不完整或做事情不能坚持到底。

〈造句〉我们无论做什么事都要持之以恒，决不能有头无尾，半途而废。

〈用法〉多用来表示做事或讲故事等不完整，没有结尾。

【有气无力】yǒu qì wú lì

〈释义〉形容说话做事气力衰弱，无精打采的样子。

〈造句〉看她说话有气无力的样子，就知道准是又生病了。

〈用法〉多用来形容人过度劳累或病得很重。

【有惊无险】yǒu jīng wú xiǎn

〈释义〉只是让人虚惊一场，没有发生危险。

〈造句〉对面突然跑过来一个孩子，司机猛然急刹车，还好有惊无险，孩子平安无事。

【有增无减】yǒu zēng wú jiǎn

〈释义〉只有增加，不见减少。指不断地增加。

〈造句〉都要求减轻学生的作业负担，但有的学校仍然有增无减。

【有备无患】yǒu bèi wú huàn

〈释义〉备：准备。患：祸患，灾祸。事先做好准备就可以避免祸患。

〈造句〉做事情应该事先作好充分准备，这样才能有备无患。

【朝思暮想】zhāo sī mù xiǎng

〈释义〉朝：早晨。暮：傍晚。早晨也想，晚上也想。形容非常想念。

〈造句〉今天，我终于来到了让

我朝思暮想的首都北京。

【左邻右舍】zuǒ lín yòu shè

〈释义〉邻：邻居。舍：房屋。泛指周围的邻居。

〈造句〉听说妈妈病了，左邻右舍都过来探望。

【左思右想】zuǒ sī yòu xiǎng

〈释义〉想来想去，反复考虑。

〈造句〉她左思右想，还是放心不下，决定亲自去看看。

〈用法〉多用于多方面考虑问题。

【左顾右盼】zuǒ gù yòu pàn

〈释义〉顾：回头看。盼：看。左看看，右看看。

〈造句〉这个小姑娘在学校门口左顾右盼的，好像在等人。

【左辅右弼】zuǒ fǔ yòu bì

〈释义〉辅、弼：辅助。原指古代辅助帝王的大臣。现比喻辅助某人干事业的有功劳的人。

〈造句〉在事业上，我能有今天的成就，全靠你们的左辅右弼。

二、四字反义

【不进则退】bù jìn zé tuì

〈释义〉不前进，就要后退。比喻学习或做事如不努力向前就会后退。

〈造句〉学习犹如逆水行舟，不进则退。

〈用法〉常与“逆水行舟”连用。

【惩前毖后】chéng qián bì hòu

〈释义〉惩：警戒（jiè）。毖：谨（jǐn）慎（shèn）。吸取以前所犯错误或失败的教训，使以后谨慎行事，不再重犯。

〈造句〉批判这些错误行为，是为了惩前毖后，防止类似问题再次发生。

【承上启下】chéng shàng qǐ xià

〈释义〉承：继续，接连。启：打开。承接上面的，引起下面的。

〈造句〉这个自然段在文章中起着承上启下的作用。

【大公无私】 dà gōng wú sī

〈释义〉秉(bǐng)公办事,没有私心。也指一心为公。

〈造句〉这位市长大公无私,一心为民,深受百姓的拥护和爱戴。

〈用法〉多用来称颂。

【翻来覆去】 fān lái fù qù

〈释义〉覆:翻,倒(dào)过来。翻过来,掉过去。

①来回翻动身体,难以入睡。

〈造句〉想起那道未解的难题,他翻来覆去,一夜没睡好。

②指多次重复。

〈造句〉达·芬奇开始学画画的时候,老师让他翻来覆去地画鸡蛋。

【翻天覆地】 fān tiān fù dì

〈释义〉覆:翻,倒(dào)过来。使天地颠(diān)倒(dǎo)过来。

①形容变化巨大而且彻(chè)底。

〈造句〉改革开放,给家乡带来了翻天覆地的变化。

②形容闹得很凶。

〈造句〉两口子为了一条短信竟闹得翻天覆地。

【反败为胜】 fǎn bài wéi shèng

〈释义〉扭转败局,取得胜利。

〈造句〉这场球赛我们队能反败为胜,是大家顽强努力的结果。

〈用法〉含夸奖意味。

【逢凶化吉】 féng xiōng huà jí

〈释义〉凶:凶险,不幸。吉:吉祥,顺利。遇到凶险能转化为吉祥。一种迷信思想,认为只要运气好或祈求神灵保佑,就能逢凶化吉。

〈造句〉但愿能逢凶化吉,渡过这道难关。

〈用法〉多用作祝颂语。

【扶老携幼】 fú lǎo xié yòu

〈释义〉携：拉着。搀(chān)着老人，领着孩子。

〈造句〉英雄回到家乡，父老乡亲扶老携幼出来迎接。

〈用法〉多形容全家出来欢迎、观看或大批人逃难的景象。

【改恶从善】 gǎi è cóng shàn

〈释义〉改掉邪恶的行为，向善良的方面转变。指不再做恶事，转做好事。也说“改恶向善”。

〈造句〉我们应该给他一次改恶从善、重新做人的机会。

【积少成多】 jī shǎo chéng duō

〈释义〉一点一滴地积累起来，就能由少变多。

〈造句〉我们把自己的零花钱捐出来，积少成多，就能为灾区小朋友做点贡献。

【惊天动地】 jīng tiān dòng dì

〈释义〉惊：惊动。动：震动。震动了天和地。形容声音非常大。

〈造句〉一声惊天动地的巨响把人们从梦中惊醒。

【居安思危】 jū ān sī wēi

〈释义〉居：处在。在安全的环境中，要想到可能出现的困难和危险。

〈造句〉学校经常组织学生进行防火知识的宣传和演习，以提醒我们居安思危。

【开天辟地】 kāi tiān pì dì

〈释义〉古代神话传说中是盘古开辟了天地。后指开创人类的历史，表示有史以来第一次。

〈造句〉中华人民共和国的成立是中国历史上开天辟地的一件大事。

〈用法〉常用来比喻创立了前所未有的宏（hóng）伟

事业。

【你死我活】nǐ sǐ wǒ huó

〈释义〉不是你死，就是我活。形容矛盾尖锐，斗争激烈。

〈造句〉兄弟俩之间的矛盾，不应争得你死我活的。

【拈轻怕重】niān qīng pà zhòng

〈释义〉拈：用手指捏取东西。指接受工作时，只挑轻活干，怕做繁重的脏活累活。

〈提示〉“拈”，读 niān，不读 zhān。

〈造句〉小军劳动时从不拈轻怕重，总是挑脏活累活干。

〈用法〉多用在劳动或接受工作任务方面。

【弄假成真】nòng jiǎ chéng zhēn

〈释义〉本想假装做某事，结果却变成了真事。

〈造句〉他原来只是想开个玩笑，没想到却弄假成真了。

【弄巧成拙】nòng qiǎo chéng zhuō

〈释义〉弄：卖弄，耍弄。巧：聪明。拙：愚(yú)笨。本想卖弄聪明，结果却把事情办糟(zāo)，做了蠢(chǔn)事。

〈造句〉她本是好心劝架，没想到弄巧成拙，反倒成了火上浇油。

【铺天盖地】pū tiān gài dì

〈释义〉遮住了天，盖住了地。形容充满了整个天地，来势凶猛。

〈造句〉顷刻间，铺天盖地的蝗虫把庄稼一扫而光。

〈用法〉多用来形容来势凶猛，也可形容数量极多，到处都是。

【欺软怕硬】qī ruǎn pà yìng

〈释义〉欺：欺负。软：软弱。硬：强硬。欺负软弱的，害怕强硬的；或欺负无权势的，害怕有权势的。

〈造句〉他是个欺软怕硬的人。

【弃暗投明】qì àn tóu míng

〈释义〉弃：背弃。投：投奔、投向。背弃黑暗，投向光明。比喻脱离旧有的、没有前途的方面，投向新的、有光明的前程。

〈造句〉他终于脱离反动军队，弃暗投明加入了革命队伍。

【取长补短】qǔ cháng bǔ duǎn

〈释义〉取：吸取。吸取别人的长处，弥（mí）补自己的短处或不足。也说“截（jié）长补短”。

〈造句〉同学之间应该取长补短，互相学习，共同进步。

【惹是生非】rě shì shēng fēi

〈释义〉惹：招引。是、非：纠（jiū）纷；口舌，不好的事情。招惹是非，引起争端或灾祸。

〈造句〉这孩子老实本分，从不在外惹是生非。

【上天入地】shàng tiān rù dì

〈释义〉上到天上，钻入地下。比喻不怕艰险，全力去做某件事。也说“升天入地”。

〈造句〉他发誓（shì），就是上天入地也要找回丢失的儿子。

〈用法〉多用于形容不论到什么地方，不论困难有多大，也要尽力做某件事情。

【舍近求远】shě jìn qiú yuǎn

〈释义〉舍弃近处的，追求远处的。比喻做事方法不当。

〈造句〉这种书在本市就有卖，没有必要舍近求远让他带过来。

【舍生忘死】shě shēng wàng sǐ

〈释义〉舍弃生命，忘记死亡。不把个人生死放在心上。

〈造句〉我们今天的和平生活是先烈们舍生忘死、流血牺牲换来的。

〈用法〉用于形容勇敢的精神。

【声东击西】shēng dōng jī xī

〈释义〉指在东面作出要攻击的假象，而在西面实施攻击。是一种转移对方注意力，出奇制胜的战术。

〈造句〉我军采取声东击西的战术，取得了这场战斗胜利。

【挑肥拣瘦】tiāo féi jiǎn shòu

〈释义〉挑、拣：选择。挑肥的，拣瘦的。比喻反复挑剔（tī）拣选有利于自己的。

〈造句〉他在工作中勤勤恳恳、任劳任怨，从不挑肥拣瘦。

【问寒问暖】wèn hán wèn nuǎn

〈释义〉形容对别人的生活非常关心。也说“嘘（xū）寒问暖”。

〈造句〉市长经常深入普通百姓家庭问寒问暖，帮助解决实际困难。

【喜新厌旧】xǐ xīn yàn jiù

〈释义〉喜欢新的，厌恶旧的。多指用情不专一。也指对事物的兴趣爱好不专一，不持久。

〈造句〉我们不应该喜新厌旧，有了新朋友，就忘了老朋友。

【嫌贫爱富】xián pín ài fù

〈释义〉嫌弃贫穷的，喜爱富有的。指对人好坏的评价看的是贫富，而不是品德。

〈造句〉虚荣心使她变成一个嫌贫爱富的人。

【以强凌弱】yǐ qiáng líng ruò

〈释义〉以：用，凭借。凌：欺凌，欺压。凭借自己的强大去欺凌弱小。

〈造句〉他经常以强凌弱，欺负低年级的学生，遭到了老师多次批评。

【因祸得福】yīn huò dé fú

〈释义〉因遭遇灾祸而得到好处。指坏事变成好事。

〈造句〉洪水冲毁了他们的房

屋，可因祸得福，政府又给他们盖起宽敞明亮的大瓦房。

【因小失大】 yīn xiǎo shī dà

〈释义〉因为贪小便宜而造成很大的损失。

〈造句〉她只顾了便宜，结果因小失大，买的是假货。

【有始有终】 yǒu shǐ yǒu zhōng

〈释义〉有开始有结尾。形容做事有头有尾，能坚持到底。

〈造句〉他做事一向持之以恒，有始有终。

【争先恐后】 zhēng xiān kǒng hòu

〈释义〉争着向前，唯恐落后。

〈造句〉同学们心系灾区，都争先恐后地为灾区人民捐款。

【走南闯北】 zǒu nán chuǎng běi

〈释义〉走：奔走。闯：闯荡。泛指到过很多地方。

〈造句〉这些年，叔叔在外面走南闯北，历尽艰辛。

三、四字反义

【不相上下】 bù xiāng shàng xià

〈释义〉分不出高低好坏。形容程度相当。

〈造句〉参加比赛的各个球队实力不相上下。

【不知好歹】 bù zhī hǎo dǎi

〈释义〉好歹：好和坏。不知道好坏。多指不懂得别人的好意。

〈造句〉他对你这样关心。你还埋怨人家，真是不知好歹。

【颠倒黑白】 diān dǎo hēi bái

〈释义〉把黑的说成白的，白的说成黑的。形容故意歪曲事实，混(hùn)淆(xiáo)是非。

〈造句〉明明是他骑车撞人，却说别人撞了他，真是颠倒黑白的无赖。

〈用法〉含指责、批判、讽刺意味。

【举足轻重】 jǔ zú qīng zhòng

〈释义〉举足：挪（nuó）动脚步。指所处地位重要，一举一动都能影响局势。

〈造句〉她是艺术团里的骨干，在团里的地位举足轻重。

〈用法〉用于形容某人或事物的地位、作用都很重要。

【明辨是非】 míng biàn shì fēi

〈释义〉明辨：辨别清楚。是非：对错。指很清楚地辨别出哪些是正确的，哪些是错误的。

〈造句〉我们现在已经是小学生了，要学会明辨是非。

【危在旦夕】 wēi zài dàn xī

〈释义〉旦夕：早晨和晚上，指短时间之内。形容危险就在眼前。

〈造句〉由于失血过多，这名伤者已危在旦夕。

〈用法〉用于危急情况。

【喜怒哀乐】 xǐ nù āi lè

〈释义〉欢喜、愤怒、悲哀、快乐。指人的各种情绪、感情。

〈造句〉小孩子的喜怒哀乐全都写在脸上。

【一决雌雄】 yì jué cí xióng

〈释义〉雌雄：雌性和雄性，比喻胜负。一决胜负，比出高低上下。也说“一决胜负”。

〈造句〉他俩暗下决心，一定要在期末考试中一决雌雄。

【只争朝夕】 zhī zhēng zhāo xī

〈释义〉朝夕：早晨和晚上，指非常短的时间。力争在最短的时间内达到目的。形容抓紧时间。

〈造句〉在实现社会主义现代化的进程中，我们要有只争朝夕的精神和干劲。

九、叠字组合

前重叠

【比比皆是】bǐ bǐ jiē shì

〈释义〉比比：一个挨一个，引申为到处。形容很多，到处都是。

〈造句〉像这种高大挺拔的白杨在我的家乡比比皆是。

〈用法〉可用于人，也可用于事物。

【彬彬有礼】bīn bīn yǒu lǐ

〈释义〉彬彬：形容文雅（yǎ）。指文雅而有礼貌。

〈造句〉大家对眼前这个热情而又彬彬有礼的服务员赞不绝口。

【楚楚动人】chǔ chǔ dòng rén

〈释义〉楚楚：娇柔，秀美。原形容幼松枝叶柔嫩，惹人喜爱。后形容女子姿态娇柔，可爱动人。

〈造句〉她在众人面前显得那么清秀文雅（yǎ），楚楚动人。

【绰绰有余】chuò chuò yǒu yú

〈释义〉绰绰：宽裕（yù）。形容十分宽裕，用不完。

〈造句〉用今年的压岁钱买这套书绰绰有余。

〈用法〉形容人力、物力、财力、能力、时间等。

【喋喋不休】dié dié bù xiū

〈释义〉喋喋：说话啰（luō）嗦（suō）。休：停止。唠（láo）唠叨（dao）叨地说个不停。

〈造句〉妈妈每次出差（chāi）前，都要对我喋喋不休地嘱（zhǔ）咐个没完。

〈辨析〉喋喋不休　滔滔不绝

它们都形容说话没完没了。"喋喋不休"强调说话不简要，啰嗦、唠叨，"滔滔不绝"强调口才好，说话不间断，不停顿。

【格格不入】gé gé bù rù

〈释义〉格格：阻碍，隔阂（hé）。形容互相抵触，不能融合在一起。

〈造句〉他们俩是格格不入的两种性格。

【耿耿于怀】 gěng gěng yú huái

〈释义〉耿耿：形容有心事的样子。心里老想着某事，不能忘怀。

〈造句〉这件事已过去一年了，他还耿耿于怀。

【赫赫有名】 hè hè yǒu míng

〈释义〉赫赫：显明盛大的样子。形容名声很大。

〈造句〉让我们没有想到的是，眼前这位赫赫有名的大科学家竟如此平易近人。

【斤斤计较】 jīn jīn jì jiào

〈释义〉斤斤：琐（suǒ）碎、细小。形容过分计较细小的琐事。

〈提示〉“较”，读 jiào，不读 jiǎo。

〈造句〉同学之间要多理解宽容，不要为了一点儿小事斤斤计较。

【津津乐道】 jīn jīn lè dào

〈释义〉津津：趣味浓厚的样子。道：谈论。很感兴趣地谈论。

〈提示〉“津”，读 jīn，不读 jīng。

〈造句〉谈到动画片《喜羊羊与灰太狼》，同学们就津津乐道。

〈辨析〉见“津津有味”。

【津津有味】 jīn jīn yǒu wèi

〈释义〉津津：趣味浓厚的样子。形容对某种事物特别感兴趣。

〈提示〉“津”，读 jīn，不读 jīng。

〈造句〉这本书他已经读了几遍了，居然还看得津津有味。

〈辨析〉津津有味　津津乐道

它们都表示“感兴趣”。“津津有味”范围广，除了指谈论，也可以指吃、看、听等；而

“津津乐道”仅指谈论。

【井井有条】jǐng jǐng yǒu tiáo

〈释义〉井井：整齐，有条理的样子。形容条理清晰，丝毫不乱。

〈造句〉她把房间收拾得干干净净，井井有条。

【炯炯有神】jiǒng jiǒng yǒu shén

〈释义〉炯炯：明亮的样子。形容眼睛明亮而有神采。

〈造句〉这个小姑娘的眼睛炯炯有神，透着一股灵气。

【空空如也】kōng kōng rú yě

〈释义〉形容空空的，什么都没有。

〈造句〉当我赶到电影院时，里面早已空空如也，人都走光了。

【夸夸其谈】kuā kuā qí tán

〈释义〉形容说话、写文章浮夸，不切实际。

〈造句〉他只在会上夸夸其谈，却不为大家做实实在在的事。

【琅琅上口】láng láng shàng kǒu

〈释义〉琅琅：响亮的读书声。指诵读顺口熟练。

〈造句〉这首儿歌生动有趣，读起来也琅琅上口。

【恋恋不舍】liàn liàn bù shě

〈释义〉恋恋：留恋。形容十分留恋，舍不得离开。

〈造句〉看看天色已晚，我们才恋恋不舍地离开西湖公园。

〈辨析〉恋恋不舍　依依不舍

它们都有“舍不得离开”的意思。“恋恋不舍”可用于地方或人，“依依不舍”仅用于人。

【寥寥无几】liáo liáo wú jǐ

〈释义〉寥寥：稀疏（shū）。形容非常稀少，没有几个。

〈造句〉自从学校开展“迎奥运，树新风”活动以来，不讲卫

生的现象已寥寥无几。

【碌碌无为】lù lù wú wéi

〈释义〉碌碌：平庸（yōng），形容人能力平庸，无所作为。

〈造句〉从小不刻苦学习，长大了也是碌碌无为。

【落落大方】luò luò dà fāng

〈释义〉落落：豁（huò）达开朗的样子。形容态度从容，言谈举止自然得体。

〈造句〉她虽然年纪轻，可待人接物却落落大方。

【闷闷不乐】mèn mèn bù lè

〈释义〉闷闷：心情不舒畅。乐：高兴。形容心情烦闷，不高兴。

〈造句〉看他闷闷不乐的样子，我就知道他这次考试准是没考好。

【面面俱到】miàn miàn jù dào

〈释义〉俱：全，都。

〈提示〉“俱”，读 jù，不要写成“具”。

①指对各方面照顾周到，没有遗漏（lòu）。

〈造句〉这篇文章写得面面俱到，重点不突出，不知道主要想说什么问题。

②指处事圆滑，对各方面都能敷（fū）衍（yǎn）。

〈造句〉她为人圆滑，应付得面面俱到。

【默默无闻】mò mò wú wén

〈释义〉默默：没有声息。闻：听说。无声无息的，没人听说过。形容不出名，没有人知道。

〈造句〉他在自己平凡的工作岗位上默默无闻、尽职尽责地工作了三十年。

〈用法〉多用于人勤恳工作方面。

【喃喃自语】nán nán zì yǔ

〈释义〉喃喃：不停地小声说话

的声音。连续小声地自言自语。

〈提示〉“喃”，读 nán，左边是“口”，右边是“南”，不要写作“南”。

〈造句〉犯病时，她常常一个人躲在角落里喃喃自语。

〈辨析〉喃喃自语　自言自语

它们都表示自己跟自己说话。“喃喃自语”表示连续小声地说；“自言自语 ”表示说话的声音可大可小，不受限制。

【翩翩起舞】piān piān qǐ wǔ

〈释义〉翩翩：轻快飞舞的样子。形容轻快地跳舞。

〈提示〉“翩”，读 piān，左边是“扁”，右边是“羽”。

〈造句〉一只只可爱的白蝴蝶，在金色的菜花中翩翩起舞。

【窃窃私语】qiè qiè sī yǔ

〈释义〉窃窃：背着人小声说话的样子。私：暗中。低声谈话，小声议论。形容背着人悄悄地谈话。

〈提示〉“窃 ”(qiè)，上面是“穴”，下面是“切”。

〈造句〉一下课，他俩就凑(còu)到一起窃窃私语，不知说些什么。

〈辨析〉窃窃私语　交头接耳

它们都有互相低声交谈的意思。“窃窃私语”有偷偷、私下谈话的意思；“交头接耳”没有这个意思，它形容相互之间交谈的样子。

【滔滔不绝】tāo tāo bù jué

〈释义〉滔滔：水势盛大，滚滚而流的样子。

①指大水滚滚奔流。

〈造句〉黄河的水奔涌向前，滔滔不绝。

②形容说话多而流畅(chàng)，连续不断。

〈造句〉一谈到足球，他就滔滔不绝，如数家珍。

〈辨析〉见“喋喋不休”。

【亭亭玉立】tíng tíng yù lì

〈释义〉亭亭：直立而美好的样子。玉立：挺拔而美丽。形容女子身材修长美丽。

〈造句〉当年那个被遗弃的孩子，如今已长成一个亭亭玉立的少女。

【头头是道】tóu tóu shì dào

〈释义〉头头：多方面。道：道理。原为佛教用语，指处处存在着道理。现形容说话有道理，做事有办法。

〈造句〉小姑娘干起活来干净利落，说起话来头头是道。

【息息相关】xī xī xiāng guān

〈释义〉息：呼吸时进出的气息。呼和吸相互关联。比喻彼此关系极为密切。也说“息息相通”。

〈造句〉家庭的和睦与安宁同社会的和谐与进步息息相关。

【欣欣向荣】xīn xīn xiàng róng

〈释义〉欣欣：草木生机茂盛的样子。

①形容草木长得茂盛。

〈造句〉在这个农家小院里，瓜果飘香，各种植物长得欣欣向荣。

②比喻事业蓬（péng）勃发展，兴旺昌盛。

〈造句〉随着改革步伐（fá）的加快，各行各业呈现出一派欣欣向荣的景象。

【栩栩如生】xǔ xǔ rú shēng

〈释义〉栩栩：生动逼真的样子。形容生动逼真，像活的一样。

〈造句〉《八骏图》上的骏马，个个栩栩如生。

〈用法〉多用来形容文学艺术作品形象生动、逼真。

【奄奄一息】yǎn yǎn yì xī

〈释义〉奄奄：气息微弱的样子。一息：一口气。只剩下微

弱的一口气。形容生命垂危。
〈造句〉经过医院的全力抢救，这个奄奄一息的孩子终于脱离了危险。
〈用法〉多形容快要死的人、动物。

【依依不舍】yī yī bù shě
〈释义〉依依：留恋的样子。形容非常留恋，不愿离开。
〈造句〉小华要转学了，她与同学们依依不舍地告别。
〈辨析〉见“恋恋不舍”。

【源源不断】yuán yuán bù duàn
〈释义〉源源：连续不断的样子。形容连续不断。
〈造句〉这里的煤炭被源源不断地运送到祖国各地。
〈用法〉多用来指事物接连不断地出现、增长等。

【跃跃欲试】yuè yuè yù shì
〈释义〉跃跃：急于要动的样子。急切地想试一试。
〈造句〉看到别人参加舞蹈队，我也跃跃欲试。
〈辨析〉跃跃欲试　摩拳擦掌

它们都表示急切地想试一试。“跃跃欲试”重在急切地心情，“摩拳擦掌”重在急切的动作。

【沾沾自喜】zhān zhān zì xǐ
〈释义〉沾沾：得意的样子。形容自以为很好而得意的样子。
〈造句〉取得一点儿成绩就沾沾自喜，不会有大的进步。

【孜孜不倦】zī zī bù juàn
〈释义〉孜孜：勤勉的样子。勤勤恳恳，不知疲倦。
〈造句〉爸爸从事教育工作几十年，孜孜不倦，任劳任怨。
〈用法〉多用于学习、工作方面。

后重叠

【大名鼎鼎】dà míng dǐng dǐng
〈释义〉鼎鼎：盛大。显赫

(hè)。形容名声很大。也说“鼎鼎大名”。

〈造句〉李白、杜甫都是大名鼎鼎的大诗人。

〈用法〉多用来称颂。有时含玩笑或讽刺意味。

【得意洋洋】dé yì yáng yáng

〈释义〉洋洋：得意的样子。形容神气十足，十分得意的样子。也作“得意扬扬”。

〈造句〉看他得意洋洋的样子，准是考了好成绩。

〈辨析〉得意洋洋　得意忘形

它们都可指十分得意的样子。“得意洋洋”偏重于得意只是在神态上表现出来，“得意忘形”偏重于得意的程度已达到失去常态。

【风尘仆仆】fēng chén pú pú

〈释义〉风尘：指在路途上受风吹尘打。仆仆：赶路疲劳的样子。形容旅途辛劳的样子。

〈造句〉当我风尘仆仆地赶回家时，父亲已经离开了我们。

【怒气冲冲】nù qì chōng chōng

〈释义〉冲冲：情绪激动的样子。形容十分愤怒的样子。

〈造句〉看他俩怒气冲冲地争吵，大家赶忙上去劝阻。

【其乐融融】qí lè róng róng

〈释义〉其：其中的。融融：和谐(xié)快乐的样子。比喻十分和美、愉快。

〈造句〉联欢会上欢声笑语，其乐融融。

【气势汹汹】qì shì xiōng xiōng

〈释义〉汹汹：声势很大的样子。来势凶猛，气焰嚣(xiāo)张。

〈提示〉“汹”，xiōng，表示水向上翻腾，所以左边是“氵”，不要写作“凶”。

〈造句〉看他气势汹汹的样子，一定是又要去找人打架了。

【气喘吁吁】 qì chuǎn xū xū

〈释义〉吁吁：张口出气的声音。形容呼吸急促(cù)，不停地大声喘气。

〈造句〉同学们进行登山比赛，一个个累得汗流浃(jiā)背，气喘吁吁。

【神采奕奕】 shén cǎi yì yì

〈释义〉奕奕：精神焕(huàn)发的样子。形容人精神饱满，容光焕发。

〈提示〉“奕”，读 yì，上面是“亦”(yì)，下面是“大”。

〈造句〉入场式上，运动员们个个神采奕奕。

〈用法〉多用于受尊敬的人。

〈辨析〉神采奕奕　神采飞扬

它们都含有精神饱满、容光焕发的意思。“神采奕奕”重在精神庄重、安详，只适用于人；“神采飞扬”重在精神振奋、昂扬，多用于人，有时也可用于动物。

【生机勃勃】 shēng jī bó bó

〈释义〉生机：生命力，活力。勃勃：旺盛的样子。形容有旺盛的生命力。

〈造句〉春天来了，万物复苏，大地呈现一派生机勃勃的景象。

【硕果累累】 shuò guǒ léi léi

〈释义〉硕：大。累累：形容累积很多。

①指结的大果实非常多。

〈造句〉看到自己承包的果林已是硕果累累，他开心地笑了。

②比喻成绩巨大。

〈造句〉李教授搞科研几十年，如今已是硕果累累。

【死气沉沉】 sǐ qì chén chén

〈释义〉死气：不流动的空气。沉沉：沉闷、浓厚的样子。

①形容气氛压抑(yì)，不活跃。

〈造句〉老师教学有方，说话幽

(yōu)默，死气沉沉的课堂气氛一下子活跃起来了。

②形容人意志消沉，没有生气。

〈造句〉不知什么原因，原本活泼的她一下子变得死气沉沉的。

【逃之夭夭】táo zhī yāo yāo

〈释义〉夭夭：枝叶茂盛的样子。原作“桃之夭夭”，形容桃花茂盛鲜艳，后人用谐(xié)音的方法把“桃”改为“逃”，用“逃之夭夭”形容逃得无影无踪。

〈造句〉几个玩球的小男孩，把教室玻璃打碎后便逃之夭夭了。

〈用法〉可用于人，也可用于动物，多含有讽刺或诙(huī)谐意味。

【天网恢恢】tiān wǎng huī huī

〈释义〉天网：天道之网，后用以比喻国法。恢恢：宽广。天道像一张网，极为广阔，使作恶者却逃不出法网的惩(chéng)罚(fá)。

〈造句〉天网恢恢，疏而不漏，一切犯罪都要受到法律的惩罚。

〈用法〉常与“疏而不漏”连用。

【威风凛凛】wēi fēng lǐn lǐn

〈释义〉威风：使人敬畏的声势或气势。凛凛：威严而使人敬畏的样子。形容声势或气势威严，使人敬畏。

〈造句〉阅兵方队整齐划一，威风凛凛，充分展现了我们的军威。

【文质彬彬】wén zhì bīn bīn

〈释义〉文：才华。质：本质。彬彬：形容文雅(yǎ)的样子。形容文雅而有礼貌。

〈造句〉这个小伙子文质彬彬的，一看就是个读书人。

【无所事事】wú suǒ shì shì

〈释义〉事事：做事情。闲着什

么事情也不做。

〈造句〉他辍(chuò)学后无所事事,整天在外边闲逛。

〈用法〉多形容游手好闲的人。

【想入非非】xiǎng rù fēi fēi

〈释义〉原为佛教用语,指思想进入虚幻的境界。比喻不切实际地胡思乱想。

〈造句〉你不努力学习,还想考重点大学,这不是想入非非吗?

【兴致勃勃】xìng zhì bó bó

〈释义〉兴致:兴趣。勃勃:精力旺盛的样子。形容兴趣浓厚,情绪很高。

〈造句〉来自五湖四海的朋友汇聚在鸟巢,兴致勃勃地观看奥运会开幕式。

〈辨析〉兴致勃勃　兴高采烈

它们都含有“兴致高,情绪好”的意思。“兴致勃勃”偏重于兴趣浓厚;“兴高采烈”偏重于高兴,情绪热烈。

【议论纷纷】yì lùn fēn fēn

〈释义〉纷纷:多而杂乱。意见不一,说法很多。

〈造句〉这个消息一传出,大家立刻议论纷纷。

双重叠

【纷纷扬扬】fēn fēn yáng yáng

〈释义〉纷纷:众多,杂乱。扬:在空中飘动。

①形容雪、花、叶等飘落得多而杂乱的样子。

〈造句〉大雪纷纷扬扬地下了一夜。

②也指议论纷纷,杂乱地传扬。

〈造句〉他俩打架的事,在小区里传得纷纷扬扬。

【鬼鬼祟祟】guǐ guǐ suì suì

〈释义〉鬼、祟:行为不光明。形容偷偷摸摸,行为不光明正大,见不得人。

〈提示〉“祟”,读 suì,上面是

"出",下面是"示"。

〈造句〉那个人在小区附近鬼鬼祟祟的,引起了保安的注意。

〈用法〉含讽刺、轻蔑意味。

【浩浩荡荡】hào hào dàng dàng

〈释义〉浩浩:广大的样子。

①形容水势汹涌浩大的样子。

〈造句〉洪水犹如千军万马,浩浩荡荡,横冲直撞。

②形容声势雄壮,规模宏(hóng)大。

〈造句〉抗洪大军浩浩荡荡,奋战在长江两岸。

【轰轰烈烈】hōng hōng liè liè

〈释义〉轰轰:声音巨大。烈烈:火势旺盛。形容气势雄伟,声势浩大。

〈造句〉为了彻底改变家乡面貌,他们准备轰轰烈烈地大干一场。

【慌慌张张】huāng huāng zhāng zhāng

〈释义〉形容行为举止慌乱,不稳重。

〈造句〉他慌慌张张地跑进屋,吓得脸色都变了。

〈用法〉形容人行为举止、神态很慌乱。

【兢兢业业】jīng jīng yè yè

〈释义〉兢兢:小心谨慎的样子。形容做事小心谨慎,认真踏实。

〈造句〉他每天早来晚走,对工作兢兢业业。

【马马虎虎】mǎ mǎ hǔ hǔ

〈释义〉做事疏忽大意,不认真。

〈造句〉最近,他上课总是心不在焉,写作业也马马虎虎的。

【勤勤恳恳】qín qín kěn kěn

〈释义〉形容做事勤奋踏实。

〈造句〉班长对班级的一切事

务都勤勤恳恳，尽职尽责。

【堂堂正正】 táng táng zhèng zhèng

〈释义〉堂堂：强大的样子。正正：整齐。原形容强大整齐的样子。后形容办事光明正大。

〈造句〉妈妈从小就教育我，要堂堂正正做人，踏踏实实做事。

【吞吞吐吐】 tūn tūn tǔ tǔ

〈释义〉形容说话有顾虑，想说又不敢说的样子。

〈造句〉看他说话吞吞吐吐的，一定有什么事瞒（mán）着我们。

【辛辛苦苦】 xīn xīn kǔ kǔ

〈释义〉形容非常辛苦。

〈造句〉老人执意要把自己辛辛苦苦积攒（zǎn）的一万元钱捐给灾区。

【郁郁葱葱】 yù yù cōng cōng

〈释义〉郁郁：草木茂盛的样子。葱葱：草木青翠的样子。形容草木苍翠茂盛。

〈造句〉这一带的参天大树郁郁葱葱，绵延几百里。

【原原本本】 yuán yuán běn běn

〈释义〉原指探求事物的本来面目。现多指从头到尾地讲述事情的全过程。

〈造句〉他把今天在学校发生的事情原原本本地对父母讲了一遍。

【战战兢兢】 zhàn zhàn jīng jīng

〈释义〉战战：害怕的样子。兢兢：小心、谨慎的样子。形容十分害怕而非常谨慎的样子。

〈造句〉他知道自己又犯错了，战战兢兢地来到老师面前。

十、成语故事

【爱屋及乌】ài wū jí wū

〈释义〉乌:乌鸦(yā)。喜爱那所房屋而连房屋上的乌鸦也一并喜欢。比喻喜爱一个人而连带地喜爱和他有关系的人或物。

〈造句〉老先生疼爱他的女儿,爱屋及乌,因此也喜欢他的女婿(xù)。

〈用法〉多用于形容对人的深厚感情。

成语故事

爱屋及乌

商朝末年,由于商纣王的统治十分残暴,民心丧失,于是周武王就率兵灭了商朝,建立了周朝。

一天,周武王问姜太公:"我们推翻了商朝,可商朝遗留的官员该如何处置呢?"姜太公说:"如果你喜爱一座房子,就会喜欢落在房子上的乌鸦;如果你讨厌这座房子,就连房子的墙壁篱笆也讨厌。我的意思是,既然你痛恨纣王,就应该把他的官员全部杀掉。"

武王不同意这么做。这时召公说:"我曾听说,有罪者,必杀。我认为应当杀掉所有有罪的人。"

武王也不同意。这时周公说:"我认为应当让这些官员全部回到自己的家里,各自耕种自己的田地,自食其力。然后,再通过施行仁政来感化天下所有的人。"

武王听后非常高兴，就照周公的办法去治理国家，果然天下很快就安定下来。

【暗度陈仓】 àn dù chén cāng

〈释义〉陈仓：古县名，在今陕西省宝鸡市东，古代是汉中、关中两地之间的必经之地。比喻暗中进行某种活动。也说“明修栈（zhàn）道，暗度陈仓”。

〈造句〉我军一方面摆出决战的样子，一方面来了个暗渡陈仓，巧妙地跳出敌人的包围。

成语故事

暗度陈仓

秦朝灭亡后，项羽凭借强大的实力，迫使先入秦都咸阳的刘邦退出，自己率兵进入，他违背先入关中者为王的约定，自立为西楚霸王。封刘邦为汉王，让他统治偏远的汉中（今陕西南部）和巴蜀（今四

川）一带。为了麻痹项羽，刘邦听从谋士张良的计策，在移军汉中时，烧毁了沿途几百里的栈道，以此表明自己不再回关中了，项羽也就放松了对刘邦的警惕。

后来，刘邦力量壮大了，他任命韩信为大将，准备出兵关中。刘邦采纳了韩信的建议，表面上派人修复先前毁掉的栈道，装出要从栈道进攻关中的样子，而大军暗地里却抄小道趁项羽的守军来不及防

备时，占领了陈仓。由此拉开了楚汉大战的序幕。

【按图索骥】àn tú suǒ jì

〈释义〉索：寻找。骥：好马。按照“相马经”上的画图去寻找好马。

①比喻办事教条，不知变通。

〈造句〉在学习上，我们决不能只会按图索骥，而要融会贯通，灵活运用。

②比喻按照线索去寻找事物。

〈造句〉我们按图索骥，很快就找到了刘老师家。

成语故事

按图索骥

春秋时期，秦国的孙阳善于相马，人们称他为“伯乐”。伯乐根据自己的相马经验，编写了一本《相马经》。书中详细介绍了千里马的各种特征，并配有大量的插图。

伯乐有一个智商很低的儿子，他看了父亲的《相马经》之后，便想根据书上写的千里马的特征去寻找千里马。于是他拿着书，到外面去寻找。走了不远，他看到一只大癞蛤蟆，长得高高的脑门、大大的眼睛，觉得它很像书上说的千里马，便带着癞蛤蟆高兴地飞奔回家。

一进家门，他就大声地对父亲说：“我找到了一匹好马，

和书上说的差不多，只是蹄子不太像。”伯乐看到儿子手中的大癞蛤蟆，觉得又好气又好笑，没想到儿子竟如此愚笨，幽默地说：“可惜这‘马’太爱跳了，没法骑呀！”

【拔苗助长】 bá miáo zhù zhǎng

〈释义〉把禾苗拔高来帮助它生长。比喻违反事物的发展规律，强求速成，反而坏事。也说“揠(yà)苗助长”。

〈造句〉要让孩子健康成长，做家长的绝不能急于求成，拔苗助长。

〈用法〉多含劝诫(jiè)、指责意味。

成语故事

拔苗助长

宋国有一个农夫，他整天担心自己田里的禾苗不长，就天天到田边去看。可是几天过去了，禾苗似乎一点儿也没有长。他十分烦恼，在田边着急地走来走去，自言自语地说：“我得想个办法帮助它们快点长高。”

于是他在家中绞尽脑汁地想办法。一天，他终于想出了一个办法，便急急忙忙跑到田里，将禾苗一棵棵地往上拔，从早上一直忙到太阳落

山，累得气喘吁吁。他筋疲力尽地回到家中，高兴地对家里人说：“今天可把我累坏了！但力气总算没白费，禾苗都长

高了一大截。"他的儿子听了，急忙跑到田里一看，禾苗全都枯死了。

【班门弄斧】 bān mén nòng fǔ

〈释义〉班门：鲁班的家门口，鲁班是春秋时期著名的木匠。在鲁班门前舞弄斧头。比喻在行家面前卖弄本领。

〈造句〉你这点雕（diāo）虫小技，还敢在大师面前班门弄斧？

〈用法〉含讽刺意味，有时也用于自谦。

成语故事

班门弄斧

传说唐代大诗人李白，晚年时在采石矶游览。一天晚上，他和朋友在江上划船饮酒时，看见水中清澈透明的月亮，竟探身去捉，结果堕入江中而亡。当地人就把李白葬在采石矶。采石矶也由此名声大振，历朝历代的文人墨客经过这里，都要去李白坟上祭奠，并题诗留名。

一天，明朝诗人梅之焕也去吊祭李白，看到李白墓上留下的那些胡诌乱题的诗文，心中很是气愤。于是，他挥笔写下了一首诗："采石矶边一堆土，李白之名高千古；来来往往一首诗，鲁班门前弄大斧。"借此讽刺那些在李白的墓上胡诌乱题、炫耀文采的人。

后来,“鲁班门前弄大斧”这句话被后人缩成“班门弄斧”。这样,“班门弄斧”这个成语就流传下来了。

【半途而废】bàn tú ér fèi

〈释义〉途:道路。废:停止。事情做到一半就停下不做了。比喻做事中途停止,不能坚持到底。

〈造句〉这事既然该做,就要坚持做到底,不能半途而废。

成语故事

半途而废

东汉时,有一个叫乐羊子的人,到离家很远的地方去拜师求学。但刚过一年,乐羊子就回来了。妻子问他:“你这么快就完成学业了?”乐羊子回答说:“没有,因为想家,所以就回来了。”妻子听后,拿起一把剪刀,走到织布机前,把快要织成的布匹一下剪成了两截,然后对乐羊子说:“这布是我一根线一根线织成的,现在我把它剪断,以前的功夫就白费了。”接着,她又说:“读书也跟纺线织布一样,知识是一点一滴积累起来的,如果半途而废,跟剪断这织线有什么区别呢?”

乐羊子听了妻子的话深受教育,于是又继续外出求学,七年后学有所成才回家。

【背水一战】bèi shuǐ yí zhàn

〈释义〉背水:背对着水,表示没有退路。形容后面没有退路,处于绝境之中,只能拼死一战。

〈造句〉事到如今，已别无选择，他决定破釜(fǔ)沉舟，背水一战。

成语故事

背水一战

楚汉战争时，汉王刘邦命令手下大将韩信率领一万多人马去攻打依附于项羽的赵国。而赵国大将陈余则率领二十万大军聚集在井陉口迎

击汉军。当时双方实力相差非常悬殊，韩信知道，要想打胜仗，将士们必须拼死战斗，于是他想到一个办法。他故意命令一万名士兵背靠河水，摆开阵势。然后又派两千轻骑兵，让他们每人带一面红旗，潜伏在赵军的军营周围，等赵军离开营地后就迅速地冲进去，拔掉赵营的旗帜，换上他们手中的红旗。

双方开战后，赵军二十万大军一窝蜂地向河边的汉军杀过来。汉军看到前面是无数的敌人，后面是滔滔的河水，什么退路都没有了，只得拼死奋战。陈余见一时无法取胜，便退兵回营，可万万没想到，自己的营地已被汉军占领，上面全插上了红旗。最后汉军前后夹击，取得了战斗的胜利。

【不耻下问】bù chǐ xià wèn

〈释义〉不耻：不以……为耻。不以向比自己水平或地位低的人请教为耻。多用于形容谦(qiān)虚好学。

〈造句〉她身为班长，却谦虚好学，不耻下问，得到老师和同学们的一致好评。

成语故事

不耻下问

孔子是春秋时期伟大的思想家、教育家和政治家，也是儒家学说的创始人。孔子认为人并不是生下来就学识渊博的，一定要好学多问才行。

一次，孔子去国君的祖庙参加祭祖仪式时，他不时地向人问这问那，有人嘲笑他不懂礼仪，什么都问。孔子听到这些后，毫不在意，他说：“遇到不懂的事就问个明白，这才是要求知礼的表现啊！”

当时，卫国的大夫孔圉去世后，被授予“文”的谥号，这是一种很高的荣誉。孔子的学生子贡心中不服，就问孔子为什么孔圉能以“文”为谥号。孔子回答说：“孔圉聪明而又好学，不因为向学问和地位比自己低的人求教而感到羞耻，这是非常难得的，因此他才得到了‘文’的谥号啊！”

【宾至如归】bīn zhì rú guī

〈释义〉宾：客人。归：回家。客人来到这里，就像回到自己家里一样。形容环境舒适，服务热情周到。

〈造句〉这家旅馆环境优雅，服务热情，给人以宾至如归的感觉。

成语故事

宾至如归

公元前 542 年，郑国的大夫子产奉命出访晋国，并带去了许多礼物。但当时正赶上鲁襄公去世，晋平公借口为鲁国国丧致哀，没有接见子产。于是，子产就命随从拆掉晋国宾馆的围墙，然后将马车赶进去。

晋平公听说这件事后，十分吃惊，便派大夫士文伯前去责问子产。子产回答说：“我们郑国是小国，需要向大国进贡。这次我们带了礼物来朝见，你们国君却没空接见。我听说晋文公做盟主时，自己住得很简陋，接待诸侯的宾馆却建得很高大，而且对宾客热情周到，宾客来到这里就像回到自己家里一样。可现在你们的皇宫宏伟壮观，宾馆的大门却小得连车子都进不去。我拆掉围墙，只是为了安置进献的贡品。”

士文伯将子产的话报告给晋平公。平公听后感到十分惭愧，马上隆重地接见了子产，并下令重新建造宾馆。

【程门立雪】chéng mén lì xuě

〈释义〉程：指宋代的程颐（yí）。立雪：站在雪地里。原为杨时和游酢（zuò）冒着大雪在程颐门前站着以求教。后形容尊敬老师，虔（qián）诚求教 。

〈造句〉他程门立雪的诚意和

态度，终于打动了老教授。

成语故事

程门立雪

宋代有个读书人叫杨时，他聪明好学，曾拜大学问家程颢为师，虚心求教。程颢死后，他决定到洛阳去，拜程颢的弟弟程颐为师，继续求学。于是，他和朋友游酢一块儿去拜见程颐。

当他们赶到洛阳程颐的家时，正赶上程老先生在屋中睡觉，为了不打搅老师休息，两人便静静地站在门外等候。一会儿，天下起了鹅毛大雪，而且越下越急，可他们却一动不动地立在雪中。

等程颐醒来，门外的雪已经有一尺厚了，而杨时和游酢却像两个雪人一样坚定地站在那里。

程颐深受感动，从此尽心尽力地教授他们，后来两人不负重望，都成了知识渊博的人。

【唇亡齿寒】 chún wáng chǐ hán

〈释义〉亡：失去。嘴唇没了，牙齿就会感到寒冷。比喻双方关系密切，利害相关。

〈造句〉我们是友好的合作单位，唇亡齿寒，现在你们有了困难，我们不会袖手旁观。

成语故事

唇亡齿寒

春秋时期，晋国的旁边有两个小国，一个叫虞国，一个叫虢国。

晋国很想灭掉虢国，但晋军必须要从虞国的国土上经过。晋献公担心虞国和虢国联合起来攻打自己，就想到一个办法。他派人给虞国的国

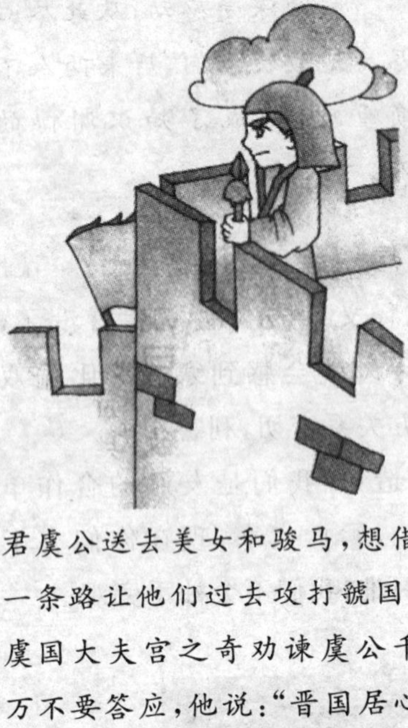

君虞公送去美女和骏马，想借一条路让他们过去攻打虢国。虞国大夫宫之奇劝谏虞公千万不要答应，他说：“晋国居心险恶，虢国与我们相邻，就好像嘴唇和牙齿一样，嘴唇没有了，牙齿就会感到寒冷。如果晋国灭掉了虢国，那我们虞国也就难保了。”但虞公为了贪恋美女和骏马，不顾宫之奇的反对，还是把道借给了晋军。

果然，晋军灭掉虢国后，在返回的途中，突然攻击虞国，一下子把虞国也灭掉了。

【呆若木鸡】 dāi ruò mù jī

〈释义〉呆：发愣。木鸡：木头做的鸡。原指训练好的斗鸡能镇定自若，像木雕的鸡一样。现形容因惊讶或恐惧而发愣的样子。

〈造句〉看到把骑车人撞倒在地，满身是血，司机吓得呆若木鸡。

成语故事

呆若木鸡

春秋时期，齐国流行斗鸡。有个叫纪渻子的人是驯养斗鸡的能手。因此，爱看斗鸡的齐王要他尽快训练出一只永远不会失败的斗鸡来。

纪渻子从鸡群中挑了一只金爪彩羽的高冠鸡，并声明：在没驯好鸡之前，请齐王不要随便派人打扰他。

十天之后，性急的齐王就派人去询问鸡可不可以斗。纪渻子回答说："不行，它还非常骄傲。"

又过了十天，齐王又派人去问，纪渻子说："不行，它听到声音，还会敏捷地作出反应。"

又过了十天，纪渻子还是说不行，说这只鸡还会生气、发怒。

等到了第四十天，纪渻子主动跑到齐王跟前说："这只斗鸡训练好了，如今它一点也不骄傲，气态平和；听到其他鸡的叫声，也已经没有反应了，精神处于高度集中的状态，看上去就像木雕的鸡一样，别的鸡一见到它吓得掉头就跑，这就是天下无敌的斗鸡。"

【道听途说】 dào tīng tú shuō

〈释义〉路上听来的又在路上传播出去的话。泛指没有根据的传闻。

〈造句〉这种道听途说的话，你千万不要轻信。

〈用法〉含讽刺、轻蔑意味。

成语故事

道听途说

战国时，有个学者叫艾

子，他门下有不少学生。

有一天，他的邻居毛空跑来对艾子说，有一户人家养的鸭子，一次下了一百个蛋。艾子不信，毛空说：“那可能是两只鸭子下的。”艾子还是不信。毛空就一直说到可能是十只鸭子下的。艾子仍然不相信。

过了一会儿，毛空又对艾子说：“上个月，天上掉下一块肉，有十丈宽，三十丈长！”艾子又不信。毛空便改口说，那肉有十丈长，十丈宽。艾子不愿再听他胡说下去了，便反问他：“这些事是你亲眼看见的吗？你刚才说的鸭子是谁家的？你说的那块肉又掉在什么地方？”毛空被问得哑口无言，只好说：“那都是我在路上听人家说的。”

艾子听后，转身对他的学生说：“你们可不要像他那样道听途说啊！”

【得过且过】 dé guò qiě guò

〈释义〉且：暂（zàn）时。能过下去，就这样暂且过下去。指凑合着过一天算一天，没有长远打算。

〈造句〉年轻人一定要有志向，要勤奋，不能得过且过地混日子。

成语故事

得过且过

传说很久以前，在山西五

台山上有一种鸟叫寒号鸟。夏天，它全身长满五彩的羽毛，非常华丽漂亮。这时寒号鸟就会从林子里飞出来，在阳光下扑打着翅膀，得意地到处炫耀："凤凰不如我！""凤凰不如我！"

夏去秋来，有的鸟飞到遥远的南方去过冬，留下的鸟都忙着做窝防寒。只有寒号鸟仍然到处游逛。

冬天到了，寒号鸟身上的羽毛都脱落了，非常丑陋。这时，它再也不敢飞出树林，只能躲在树丛深处，有气无力地哀鸣着："得过且过！得过且过！"在寒冷的夜里，它冻得浑身直打哆嗦，不断地咕哝着："哆哆嗦，哆哆嗦，明天就做窝。"可是，当寒夜过去，太阳出来后，寒号鸟就忘掉了一切，心想明天再说吧。日子就这样一天天地过去了。天气变得越来越冷了，终于有一天寒号鸟抵挡不住寒冷，被冻死在岩石缝里。

【东施效颦】 dōng shī xiào pín

〈释义〉效：模仿。颦：皱眉头。东施模仿西施皱眉头，比喻盲目地模仿别人，结果适得其反。

〈造句〉选择服装要与自己的身材职业相符，千万不要东施效颦，胡乱模仿。

成语故事

东施效颦

西施是越国出名的美女。在西施家的东边有一个长得很丑的女子，人称东施。

东施因为自己长得丑，所以特别爱模仿漂亮姑娘的服装打扮，姿态动作。美女西施自然是她时刻模仿的对象。

一天，西施因为心口疼，走路的时候便双手捂住胸口，皱着眉头。路上人见了都说西施的这种姿态仍然很美。西施的样子正巧被东施看见了。于是她马上也模仿西施的姿态，走路时也捂着胸口，皱着眉头，路上的人看见东施这副模样，都吓得跑回家躲起来了。

东施只知道西施皱着眉头很美，却不知为什么皱着眉头会美。西施本来长得就美，即使是捧心皱眉，人们也觉得她是美的；东施本来长得就丑，再捧心皱眉就显得更丑了，难怪人们都被她吓跑了。

【对牛弹琴】duì niú dàn qín

〈释义〉对着牛弹琴，牛根本听不懂。用来讽刺说话不看对象，对不懂道理的人讲道理。

〈造句〉跟无赖讲理，就如是对牛弹琴，没有用的。

成语故事

对牛弹琴

从前,有个叫公明仪的音乐家,琴弹得非常好。

有一天,他独自在家里弹琴,没有人听。这时,他看见窗外有一头牛在吃草,心想:没有人听,弹给牛听也行啊,于是对着牛,公明仪很投入地弹了一首高深的曲子。琴声非常动听,连他自己都陶醉了。可那头牛却一心低头吃草,对刚才美妙琴声毫无反

应。他想:也许琴声不够动听。于是决定再弹一首更好听的曲子。哪知他刚开始弹,牛反而被琴声吓着了,扭头跑开了。

公明仪明白了,牛根本不懂音乐,不管琴声如何美妙,都不能引起牛的兴趣。

【废寝忘食】fèi qǐn wàng shí

〈释义〉废:停止。寝:睡觉。顾不上睡觉,忘了吃饭。形容工作或学习专心努力。

〈造句〉为了工作,李老师简直到了废寝忘食的程度。

成语故事

废寝忘食

春秋末年,孔子经常带着学生周游列国,宣传他的政治主张和学说。在他六十四岁那年,来到了楚国的叶邑(今河南省叶县附近),叶邑的大夫沈诸梁热情接待了孔子。沈诸梁,人称叶公,在当时很

有名望，他很早就听说孔子的名声，但对孔子本人并不了解。于是，便向孔子的学生子路问关于孔子的为人。子路虽然跟随孔子多年，但一时却不知怎么回答叶公才好。

后来，孔子知道了这件事，就对子路说："你可以这样告诉他：'孔子的为人啊，他努力学习，从不厌倦，甚至顾不上睡觉，忘记了吃饭；他乐于传道授业，从不担忧受贫受苦，甚至忘记了自己的年纪。'"

因为孔子有着非常远大的理想，所以能够生活得很充实。

【负荆请罪】 fù jīng qǐng zuì

〈释义〉负：背着。荆：荆条，古时用来打人的刑具。背着荆条，请求责罚(fá)。形容认识自身过错后，主动承认错误，赔礼道歉(qiàn)。

〈造句〉为了表示自己的诚意，他亲自登门负荆请罪。

〈用法〉含赞赏意味。

成语故事

负荆请罪

战国时，赵王因蔺相如同秦国交涉有功，封为上卿，官位在老将廉颇之上。廉颇因此很不服气，认为自己功劳卓著，他凭什么官位在自己之上？于是扬言要当面侮辱蔺相如。

蔺相如知道后，便处处小心，避让廉颇。

有一次，蔺相如外出，见廉颇的车子迎面而来，便忙叫手下人给廉颇让路。他手下的人很气愤，对蔺相如说："你位居上卿，怎么如此惧怕廉颇？”蔺相如说：“我连秦王都不怕，怎么会怕廉颇呢？秦国为什么不敢欺负赵国？就是因为赵国有我和廉将军，如果我们不和，秦国必伺机侵略赵国。”手下人听了他这番话极为感动，从此也主动对廉颇手下的人处处谦让。

这话传到廉颇的耳中，他为蔺相如如此深明大义而感到惭愧。于是脱掉上衣，背上荆条，到蔺相如家请罪。

蔺相如见廉颇如此真诚，两人于是成为生死之交。

【改过自新】gǎi guò zì xīn

〈释义〉自新：使自己重新做人。改正自己的过失或错误，重新做人。

〈造句〉他曾经犯过错误，但现在已改过自新了。

成语故事

改过自新

西汉时，有个名医叫淳于意，他医术高明，给人治病常常是药到病除。后来，他被人诬告，官府把他抓起来押解到京城长安，并被判处肉刑。

淳于意的小女儿缇萦，见父亲被抓，心里非常难过，决

心要解救父亲。她历尽千辛万苦来到长安，并找到一个呈

递诉状给皇帝的机会，她在诉状中写道：“我父亲一直在尽心尽力为人治病，为病人解除痛苦，没想到现在却要遭受肉刑。我深知人死了再也不能复活，受刑伤残了身体也不能再复原。这样，即使犯过法的人想要重新做人也没有机会了。为了使父亲有改过自新的机会，我宁愿进官府当奴婢，替父亲赎罪。”皇帝看过状纸后，为缇萦的一片孝心所感动，就下旨赦免了淳于意的罪过，并下旨废除了残酷的肉刑。

【高山流水】gāo shān liú shuǐ

〈释义〉巍（wēi）巍泰山，滚滚江河。比喻知音难觅或乐曲高妙。

〈造句〉他们很谈得来，都感觉高山流水，遇到了知己。

成语故事

高山流水

春秋时，俞伯牙是楚国一位有名的琴师，他创作出许多优美的乐曲，其中《高山流水》是他最满意的，可是却没有人能听懂这支曲子。

一天，俞伯牙心情烦闷，来到海边独自弹奏。当他用心在高山时，就听见一个人称赞道：“好啊，气势磅礴，就像

巍巍泰山！”俞伯牙回头一看，见是一位樵夫打扮的人在说

话，俞伯牙没理他。当他用心在流水时，那人又说：“好啊，浩浩荡荡就像滔滔江河！”俞伯牙非常高兴，有人能听懂他的琴声了。他激动地站起来，说：“你真是我的知音啊！”这个人叫钟子期，两人于是成了好朋友。

钟子期死后，俞伯牙非常伤心，他把琴摔烂了，说：“钟子期是我的知音，现在知音没了，再没有人听懂我的琴音了。”从此，俞伯牙就不再弹琴了。

【邯郸学步】 hán dān xué bù

〈释义〉邯郸：战国时赵国的都城。学步：学习走路。一个燕国人到邯郸学习走路。比喻模仿别人不成，反而把自己原来的本领都忘记了。

〈造句〉有些人无论学习还是做事总爱邯郸学步，最后一事无成。

成语故事

邯郸学步

战国时，燕国有一个少年，他听说赵国都城邯郸的人走路姿势特别优美，便决定去邯郸学习走路的姿势。

他来到邯郸后，只见大街上男女老少走路的姿势各式各样，但看上去都很美。于是他便跟在人家后面认真地学起来，可是常常学到半途就放弃，再重新学习其他人走路。

时间一天天地过去了，这个燕国少年学了一个又一个，今天学明天换，结果他不但没有学会邯郸人走路的姿势，反而连自己原来的步法也忘掉了，最后只好爬着回到了燕国。

【鹤立鸡群】hè lì jī qún

〈释义〉像鹤站在鸡群中一样显得很突出。比喻才能或仪表等超群(qún)出众。

〈造句〉漂亮的小雪，穿着红连衣裙(qún)，在这些女孩子中越发显得鹤立鸡群。

成语故事

鹤立鸡群

晋朝时，有一个人叫嵇绍，是“竹林七贤”之一嵇康的儿子。他仪表堂堂，而且才华出众。

晋惠帝继位后，嵇绍担任侍从官，跟随皇帝出入宫廷。在“八王之乱”中，嵇绍跟随惠帝前去征讨叛乱。不料打了败仗，随行的官员、将领、侍卫死伤无数，还有很多人逃跑了。只有嵇绍保护着惠帝，始终不离左右，最后不幸中箭牺牲，鲜血滴在惠帝的战袍上。惠帝很受感动，不让内侍洗掉战袍上的血迹，以表示对嵇绍的赞赏和怀念。

看到嵇绍奋勇杀敌的情景人们都很有感触，说嵇绍就像一只鹤站在鸡群中一样，仪表出众，气度不凡。

【鸿鹄之志】hóng hú zhī zhì

〈释义〉鸿鹄：天鹅。天鹅飞得很高，用以比喻志向远大。

〈造句〉别看他年龄小，却有鸿鹄之志，将来肯定能有所作为。

〈用法〉比喻人的志向。

成语故事

鸿鹄之志

秦朝末年，统治者非常残暴，对百姓百般搜刮和欺压，使百姓们生活在水深火热之中。

当时，有一位出身贫贱的雇农名叫陈胜，他看到秦朝的残暴统治让百姓吃了不少苦头，便决心改变这种局面。

一天，陈胜和雇农们一起在地里干活。吃饭的时候，他们谈起当时过的苦日子，心中都非常愤恨，但又毫无办法。这时候，陈胜站起来，对大家说：“如果今后咱们兄弟中有谁能够享受荣华富贵，一定不要忘记其他受苦的人啊！”大家听了他的话，都笑他异想天开，说：“我们都是受人雇佣的农民，连自己的土地都没有，哪里来的富贵？别做白日梦了！”陈胜听了，叹息说：“燕子和麻雀又怎么知道鸿鹄的志向呢？”

后来，陈胜在大泽乡领导农民起义，成为了中国历史上第一个组织农民起义的领袖。

【囫囵吞枣】 hú lún tūn zǎo

〈释义〉囫囵：整个的，完整。把整个枣一下子吞下去。比喻在学习上不加分析地笼统接受。

〈造句〉我们对所讲的内容要做到理解并消化吸收，绝不能囫囵吞枣。

成语故事

囫囵吞枣

从前，有个人特别爱耍小聪明。

一天，他听到几个人正在聊天，说吃梨对牙齿有好处，但会伤到脾脏；而吃枣对脾脏有好处，却伤牙齿。

这个人听了大家的谈话后，自作聪明地说："我有一个好办法，我在吃梨时，只用牙齿咀嚼，但不咽下去；吃枣时，不用牙齿咬，而是整个吞下去，这样既不会伤着脾脏，又不会弄伤牙齿。"

旁边的人听了忙说："你吃梨不咽，倒还可以做到，但你吃枣时只咽不嚼，恐怕做不到吧。你那样把枣整个吞下去，肚子能受得了吗？"大家听后都笑他是囫囵吞枣。

【狐假虎威】 hú jiǎ hǔ wēi

〈释义〉假：借用、利用。威：威力。狐狸借着老虎的威力来吓唬其他动物。比喻依仗着别人的权势欺压他人。

〈造句〉你别在那狐假虎威了，谁不知道你的情况呀！

成语故事

狐假虎威

从前，有一只饥饿的老虎抓到了一只狐狸。老虎正要吃掉狐狸时，狐狸突然大声说："你怎么敢吃我！我是天帝派来专管百兽的王，你若吃了我就违背了天意，上天一定会惩罚你的。"

老虎知道狐狸一向以狡猾闻名，有些不相信它的话。正犹豫时，狐狸又说："你若不信，就跟我到森林里走一趟，我在前面，你跟在后面，看看百兽是不是怕我？"

于是，老虎半信半疑地跟在狐狸身后走进了森林，其他动物看见走在狐狸后面的老虎，都吓得四散奔逃。老虎这才相信狐狸的话。

其实，老虎不知道动物们怕的是自己，它还以为怕的真是狐狸呢！

【画龙点睛】huà lóng diǎn jīng

〈释义〉画完龙身后，再点上眼睛。比喻说话、作文时，在关键(jiàn)处用一两句话点明中心，使内容更加生动传神。

〈造句〉这篇作文最后引用的名言，起到了画龙点睛的作用。

成语故事

画龙点睛

南北朝时，有个擅长画龙的人名叫张僧繇。

传说有一次他在金陵安

乐寺的墙壁上画了四条龙，简直就像真的一样，吸引了很多人前去观看。但令人不解的是，这四条龙都没有点上眼睛。有人问张僧繇为什么不点上眼睛呢，张僧繇回答说："点上眼睛很容易，但一点上眼睛，它就会破壁飞走的。"大家都表示不相信，都要他点上眼睛，看看龙到底会不会飞走。在众人的执意要求下，张僧繇只得提起笔来给龙点眼睛。

他刚点了两条龙的眼睛，忽然电闪雷鸣，风雨大作，只见画上眼睛的两条龙震破墙壁，腾空飞走了。而没画眼睛的两条龙，仍然留在墙壁上。大家这才相信了张僧繇的话，再也不敢叫他给龙画眼睛了。

【黄粱美梦】huáng liáng měi mèng

〈释义〉黄粱：小米，这里指小米饭。煮小米饭的时间做了一场好梦。比喻虚幻的空想。

〈造句〉想不经过努力就取得好成绩，那不过是黄粱美梦。也说"黄粱一梦"。

成语故事

黄粱美梦

从前，有个叫卢生的书生去京城赶考。傍晚来到一家旅店投宿，遇到了一个叫吕翁的道士。卢生就向吕翁诉说了自己生活的贫困和对美好生活的向往。吕翁见店主人正在煮小米饭，便劝卢生先睡一会儿，醒来后吃了饭好赶路。这时，只见吕翁从袖子里取出一个枕头，对卢生说：“你把它枕在头下，便可以一切如意了。”

卢生接过枕头，很快便进入梦乡。他梦见自己中了状元，还娶了美丽的公主为妻。后来，他又做了宰相，活到80多岁，子孙满堂，享尽荣华富贵。

可等卢生一觉醒来，发现自己还睡在旅店里，店主的小米饭还没煮熟呢！

【鸡鸣狗盗】 jī míng gǒu dào

〈释义〉学鸡叫骗人，装作狗偷盗东西。比喻低微卑贱的技能。

〈造句〉这帮鸡鸣狗盗之徒作恶多端，早就该绳之以法了。

成语故事

鸡鸣狗盗

战国时，秦昭王听说齐国的贵胄孟尝君很贤明，便把他请到秦国，准备任他为国相。孟尝君在许多门客的陪同下来到秦国，并将一件举世无双的白狐裘献给了秦王。

秦王收了大衣，却改变了主意，不仅没有任孟尝君为国相，反而把他软禁起来。

孟尝君去找秦王的宠妃燕姬求救，燕姬提出，只有送给她那件白狐裘大衣，她才会向秦王求情。可是白狐裘大衣只有一件，而且已经献给了秦王。于是有个门客装成狗，夜里潜进宫去，将大衣偷出来，送给燕姬。秦王在燕姬的劝说下放了孟尝君。

孟尝君连夜逃到函谷关时天还没亮，城门没有开。守城门的士兵必须听到鸡叫才会打开城门。这时，有一个门客就学起鸡叫，引得四周的鸡都叫起来。于是城门大开，孟尝君就这样逃回了齐国。

【脚踏实地】jiǎo tà shí dì

〈释义〉踏：用脚踩。把脚稳稳地踩在地上。比喻做事踏(tā)实、认真。

〈造句〉我们无论做什么事都不能心浮气躁(zào)，只有脚踏实地才能有所收获。

成语故事

脚踏实地

北宋大臣司马光是我国著名的历史学家。

司马光小时候便勤奋好学，博览群书。那时他立下宏伟志向，长大要成为一个历史学家。后来，他历经十九年的艰辛，终于写成了中国历史上最大的一部编年体史书《资治通鉴》。这部书上起战国，下至五代，叙述了一千三百六十二年间的大事。

司马光在这部书的编写过程中，刻苦钻研，夜以继日，常常工作到深夜。他怕睡得过多会耽误工作，还特意做了个圆木“警枕”，这样他便不能睡得安稳，就可以早点起来工作。据说光此书的废稿就把两间屋子都堆得满满的。

司马光这种严谨的治学态度受到人们的一致称赞，都说他是一个脚踏实地的人。

【**井底之蛙**】jǐng dǐ zhī wā

〈释义〉蛙：青蛙。井底下的青蛙。比喻眼界狭小，见识短浅的人。

〈造句〉现代社会科技在飞速发展，如果我们不努力学习新知识，就会成为井底之蛙。

成语故事

井底之蛙

从前，在大海边的一口废井里，住着一只青蛙，它只能看见井口上方那块小小的天空，从来没有见过外面的世界。

有一天，见井口来了只大海龟，青蛙便向它炫耀说：“喂，你看我在这井里住得多自在啊！抬头就能看见整个天空，还可以在水里自由自在地游泳，在泥地上随意地跳

跃，多逍遥啊！”海龟听了青蛙的话，哈哈大笑，说：“朋友，外面的天空无边无际，我生活的大海一眼望不到边，而且深不可测，几年大水灾海水不会涨，几年不下雨，海水不会浅，住在那样广阔的大海里，才是真的逍遥自在呢！”

青蛙哪里见过大海，它听了海龟的话，顿时惊讶得目瞪口呆，什么话也说不出来了。

【惊弓之鸟】jīng gōng zhī niǎo

〈释义〉被弓箭吓怕了的鸟。比喻受过惊吓，遇到一点儿情况就惊恐不安的人。

〈造句〉连吃败仗的敌人已成惊弓之鸟。

成语故事

惊弓之鸟

战国时，魏国有一个神箭手叫更赢，射起箭来百发百中。

有一次，他正陪魏王在郊外打猎，只见一群大雁从头上飞过，更赢对魏王说：“我只用弓不用箭，就可以射下一只大雁。”魏王不信。于是他拉开弓，但没有搭箭，只是对着天空“咚”地拉了一下弓弦。没想到弦声刚落，一只大雁就从空中一头栽了下来。魏王感到很惊奇，更赢解释说：“这不是我的箭术高超，而是因为我看见最后一只大雁飞得又低

又慢，而且叫声很凄惨，我断定这是一只受伤的大雁，伤口还没愈合，当它一听到弓弦声，以为有人又要射它，就拼

命往高处飞，一使劲撕裂了伤口，自然就掉下来了。”

【精卫填海】jīng wèi tián hǎi

〈释义〉精卫：古代神话中的鸟名。精卫要填平东海。比喻不畏艰难，意志坚决。

〈造句〉要想取得成功，就必须有精卫填海的精神和毅力。

成语故事

精卫填海

很久以前，炎帝（传说远古时期的部落首领，与皇帝一同被称为中华民族的始祖）有个小女儿，名叫女娃。女娃非常喜欢游泳。

有一天，她在东海游玩，不幸遇到了巨浪，被无情的海水吞没了。

女娃死后，变成了一只可爱的小鸟：头上有好看的花纹，白色的嘴巴，红色的脚爪。它的啼叫声像“精卫！精卫”，所以人们都把它叫“精卫”。精卫下决心要把东海填平，以免别人落得和自己一样的命运。于是，精卫鸟一刻也不闲着，每天从西山衔着树枝、石

子飞到东海上空，然后再将它们投下去。就这样，一天又一天，一月又一月，一年又一年，一直如此，从不停息。

【举案齐眉】jǔ àn qí méi

〈释义〉案：古代进食时用的有脚木托盘。送饭时把托盘举得和眉毛一样高，表示对丈夫的恭敬。后形容夫妻相敬相爱。

〈造句〉他们夫妻结婚以来，一直都举案齐眉，感情深厚。

成语故事

举案齐眉

东汉时，有个叫梁鸿的穷书生，学业有成回到家乡，得到乡人的尊敬。几年后，他娶了县里孟老爷的女儿为妻。可婚后一连七天，梁鸿都不理妻子。孟小姐便质问丈夫，梁鸿回答："你穿的是绫罗绸缎，戴的是金银珠宝，怎么能和我一块儿种庄稼，过隐居生活呢？"

孟小姐便摘去首饰，换上粗布衣服。梁鸿见了非常高兴，还给妻子起了个名字：孟光。不久，夫妻二人搬到霸陵山，在那里过起了闲适的隐居生活。

梁鸿外出种地，孟光则在家里纺纱织布。每当梁鸿回家时，孟光就把放有饭菜的托盘，恭恭敬敬地送到梁鸿面前，为了表示对丈夫的尊敬，她每次总是把托盘举到跟眉毛齐平，梁鸿也总是很有礼貌地用双手接过托盘。

没过多久，他们在当地就出了名，而他们这种互敬互爱的情景也被传为佳话。

【刻舟求剑】kè zhōu qiú jiàn

〈释义〉舟：船。求：寻找。在剑落水处的船帮上刻下记号，作为寻找剑的依据。比喻思想僵（jiāng）化，办事死板，不知变通。

〈造句〉现在有些墨（mò）守成规的人，还会犯刻舟求剑的错误。

〈用法〉多指做事不变通，不知道根据情况变化来改变处理事情的方法。

成语故事

刻舟求剑

从前，一个楚国人过江时，一不小心把随身携带的一把宝剑掉到了水里。大家劝他赶快想办法打捞。可他却不慌不忙地从行李中拿出一

把小刀，在船帮上刻了一个记号，并说："我的剑是从这儿掉下去的，现在我刻上了记号，等船靠岸后再找吧！"

船靠岸后，那个楚国人立即从船上刻记号的地方跳下水去，想打捞自己掉落的宝剑。可是他在水底捞了半天也没捞到，觉得非常奇怪便自言自语地说："我的宝剑不就是从这儿掉下去的吗？我还在这里做了记号呢！怎么就找不到了呢？"

船上的人听了都纷纷大笑起来，说："剑掉到江中后，沉入江底就不动了，而船却一直在行进。你在这里怎么可能找到你的宝剑呢？"

【口若悬河】 kǒu ruò xuán hé

〈释义〉若：好像。悬河：瀑(pù)布。说起话来就像瀑布的水一样不断地奔泻(xiè)下来，永不枯竭。形容能言善辩。

〈造句〉他口若悬河的演讲，赢(yíng)得了同学们一阵阵热烈的掌声。

成语故事

口若悬河

郭象是晋代一位大学问家。他从小就对日常生活中所接触的事物留心观察，然后仔细思考其中的道理，得出自己的结论。因此，他的知识十分渊博，对于各种事情都有自己独到的见解。

郭象长大后不愿做官，而是在家潜心研究老子、庄子学说，对他们的学说有着深刻的理解。

他每天除了埋头做学问，就是和志趣相投的人探讨哲理。由于他知识渊博，对什么事情都说得头头是道，加上他口才好，又喜欢发表自己的见解。因此，人们听他谈论时都觉得津津有味。

当时，有个太尉叫王衍，非常欣赏郭象的学识和口才，他称赞说：“听郭象谈话，好像瀑布水流，滔滔不绝地往下流，永远没有枯竭的时候。”

【口蜜腹剑】kǒu mì fù jiàn

〈释义〉嘴上说得好听，象蜜一样甜，心里却想害人的主意，藏着杀人的剑。形容人阴险狡(jiǎo)诈(zhà)。

〈造句〉他这个人口蜜腹剑，笑里藏刀，你要提(dī)防着点儿。

〈用法〉多用于两面派的人。

成语故事

口蜜腹剑

唐玄宗时，宰相李林甫为

人阴险狡诈，靠谄媚逢迎博得了唐玄宗的宠爱和信任。他平时与人交往。总是装出一副平易近人的样子，爱说一些甜言蜜语，但在背地里却常常挖空心思害人。

尚书严挺之因为得罪了他，被排挤到地方任职。后来，唐玄宗想起了严挺之，便让李林甫去把他调回京城。李林甫哪里肯让严挺之进京城，于是，他对严挺之的弟弟说："皇上很挂念你哥哥，你让他给皇上上表，说他近来得了病，希望到京城医治，皇上一定会准奏。"皇帝见到奏折，心

想：严挺之病了。怎么干大事呢？只好授了他一个闲职，以便治病。严挺之一腔报国之志得不到施展，最后忧郁而死。

后来，人们终于看清了李林甫的真面目，都说他"口中有蜜，腹中藏剑"。

【夸父追日】kuā fù zhuī rì

〈释义〉夸父：古代神话中追赶太阳的人。夸父追赶太阳。比喻征服困难的坚强决心。也说"夸父逐(zhú)日"。

〈造句〉面对困难，我们要有夸父追日的精神，永不懈(xiè)怠(dài)，勇往直前。

成语故事

夸父追日

很久很久以前，有个巨人叫夸父。他在地上一坐，就像一座大山；他一站起来，脑袋就能碰着天上的云彩；他的两

条腿很长很长，一跑起来，连飞鸟也追不上。

他看见太阳每天早上从东边升起，傍晚从西边下山，心想：要是把太阳搬到地上来，让人们不分白天黑夜都能得到光明，那该多好啊！

于是夸父开始追赶太阳。他跑呀，跑呀，一直追到太阳下山的地方。可是太阳像个大火球，呼呼地喷着火焰，把夸父烤得口干舌燥。他就跑到黄河边，一口气把黄河的水喝光了；他又跑到渭河边，又把渭河的水喝光了，可还是不解渴，他又往北方的大湖跑去，还没赶到大湖，夸父就渴死了。

在夸父倒下去的地方，长出了一棵棵桃树，结的桃子又大又多，这是夸父留给像他一样热爱光明而又勇敢的后代的。

【滥竽充数】 làn yú chōng shù

〈释义〉竽：古代一种簧(huáng)管乐器。充数：凑数。不会吹竽的人混在吹竽的乐队里充数。比喻没有真本领的人混在行家里充数或比喻事物以次充好。

〈造句〉现代社会需要的是真才实学，想滥竽充数是行不通的。

成语故事

滥竽充数

战国时期，齐宣王非常喜

欢听人吹竽，并组织了一支三百人的吹竽乐队。

当时有个游手好闲的南郭先生，他根本不会吹竽，但是为了得到丰厚的赏赐，他想方设法混进了吹竽的乐队里。

每当乐队为齐宣王演奏的时候，他就模仿别人鼓着腮，做出用力吹竽的样子。由于是几百人的合奏，齐宣王根本没有发现他不会吹竽。就这样，南郭先生混了好几年。

齐宣王死后，齐湣王继位。湣王同样爱听人吹竽，不同的是，他不喜欢许多人的合奏，而喜欢一个一个的单独吹给他听。

南郭先生听到这个消息后，知道自己一旦露馅儿，恐怕连脑袋都保不住了。于是趁湣王还没有叫他演奏，赶紧偷偷地溜走了。

【老马识途】 lǎo mǎ shí tú

〈释义〉途：道路。老马认识走过的路。比喻有经验的人熟悉情况，能起引导作用。也说“识途老马”。

〈造句〉张师傅经验丰富，老马识途，有他在没有解决不了的问题。

成语故事

老马识途

春秋时期，齐桓公接受燕国的请求，他和相国管仲亲自带兵，去攻打入侵燕国的山戎。当他们把已经逃到孤竹国的山戎彻底消灭后，才决定回齐国。

这场战争几乎打了一年，离开齐国的时候还是春暖花开，等到胜利回来时，已经是漫天大雪了。在回来的途中，经过一个山谷时，他们迷了路，四周全是白茫茫的大雪，怎么也找不到出山谷的路了。

情况十分危急，要是再找不到出路，齐军就有可能全被冻死在大山中。这时管仲对齐桓公说，老马有认路的本领，可以让几匹老马在前面领路。于是他们立即挑几匹老马，解开缰绳，让它们在前面自由行走。齐军就这样跟着它们走出山谷，回到齐国。

【乐不思蜀】lè bù sī shǔ

〈释义〉蜀：三国时的蜀汉。快乐得不想故国。指乐而忘返或乐而忘本。

〈造句〉来到桂林，这里山清水秀，景色宜人，我真有些乐不思蜀了。

成语故事

乐不思蜀

公元 223 年，蜀主刘备去世，他十六岁的儿子刘禅即位。刘禅昏庸无能，后来诸葛亮等辅佐他的人相继去世，蜀国国势日衰。

三国末期，蜀国被魏国消灭，刘禅便投降了魏国，被押送到魏国都城洛阳，并封为安乐公。刘禅居然很满足，心安理得地在异国他乡吃喝享乐。

一天,魏国的司马昭请刘禅饮酒,席间特意为他安排了蜀地歌舞。在场的蜀国旧臣看了,触景生情,有的还掉下了眼泪,只有刘禅却看得眉开眼笑。

这时司马昭故意问刘禅:“你还思念故国吗?”刘禅笑着说:“我在这里非常快乐,一点也不思念蜀地。”有个蜀汉的旧臣暗地里对刘禅说:“您要再被问,就应该哭着说,我没有一天不思念故国的。”过一会儿,当司马昭再问起他时,刘禅就照那个旧臣教的说了,还勉强挤出了几滴眼泪来,被司马昭当场揭穿。刘禅的言行成了千古笑柄。

【路不拾遗】 lù bù shí yí

〈释义〉拾:捡。遗:丢失的东西。东西掉在路上都没有人捡走。形容社会风气好。也说“道不拾遗”。

〈造句〉这个小山村民风淳(chún)朴,路不拾遗。

〈用法〉多用来称颂。常与“夜不闭户”连用。

成语故事

路不拾遗

春秋时期,郑国的社会风气特别好。人们晚上睡觉都不用关门窗,在路上丢失了东西也不用担心被别人捡走。

有一次,一个妇女提着包袱回娘家,包袱里装了很多值钱的东西。当她走到一条小溪边时,坐下休息一会儿,然后又继续赶路。

快到娘家时，她发现自己的包袱在溪边忘拿了。心里非常着急。这时旁边的人告诉她："郑国的民风淳朴，路不拾遗，别人是不会拿你的包袱的。"

于是她连忙回头去寻找，那个包袱果然还放在她休息过的小溪边。

【洛阳纸贵】luò yáng zhǐ guì

〈释义〉晋代左思《三都赋(fù)》写成后，抄写的人多，因纸张用量猛增，使价格上涨。比喻好的文章或著作争相传诵，广为流行。

〈造句〉这部小说刚发行，就出现了洛阳纸贵的盛况。

成语故事

洛阳纸贵

西晋时期，左思是当时一位十分出色的文学家。

他的妹妹被选入皇宫后，全家迁到京城洛阳居住。左思到了洛阳后很想写一篇描写三国时魏、蜀、吴三国都城的文章。他整天冥思苦想，在

书房外的走廊里、庭院里，甚至厕所里都被他挂上纸和笔，一旦想出一个妙句，他便欣喜若狂，立即用笔记录下来，并在以后反复地推敲、斟酌，直到他认为满意了为止。就这样，他每天努力写作，一共花了十年的时间，才完成了这篇《三都赋》。

《三都赋》在内容和形式上都达到了空前的艺术高度。作品的艺术价值极高，受到当时很多大学者的广泛赞誉，并纷纷给作品作序、作注。所以作品一问世，立即轰动了整个洛阳，大家争先恐后地买纸传抄。一时间，洛阳的纸张供不应求，价格上涨得十分厉害。

【买椟还珠】 mǎi dú huán zhū

〈释义〉椟：木匣（xiá）子。珠：宝珠。买下匣子，却退还了匣子里的宝珠。比喻没有眼光，取舍不当。

〈造句〉如果只看中精美的包装，而忽略商品本身的价值，这无异于买椟还珠。

成语故事

买椟还珠

春秋时期，楚国有个珠宝商人。有一天，这个商人得到一颗珍贵的宝珠。为了能卖出好价钱，他便用上等檀木做了一个精致、漂亮的木匣子，并在外面雕刻上精致的花纹，还用名贵的香料把匣子熏得香喷喷的。他想：把宝珠放在这样的匣子里，人们一定会出高价购买的。就这样，他便高高兴兴地来到了郑国。

一个郑国人看到了这个做工精致、装饰精美的木匣子立刻就被吸引住了。于是，他花许多钱买下木匣子。可是出人意料的是，这个郑国人只拿走了匣子，却把匣子里的宝珠无条件地归还给了那个商人。

商人高兴极了，心想：看东西不能光看外表，这宝珠的价钱不知道要比那个盒子高出多少倍呢？

【盲人摸象】máng rén mō xiàng

〈释义〉盲人：瞎子。象：大象。几个盲人摸一头大象。比喻对事物的认识仅凭片面了解就下结论或用一点代替全面。

〈造句〉我们办案应做全面调查，不能如盲人摸象，以偏概全。

成语故事

盲人摸象

从前有几个盲人从来没有见过大象，他们很想知道大象到底长得什么样儿。

有一天，一个商人赶着一头大象从他们住的地方经过，他们请求商人停一停，让他们摸一摸大象，商人同意了。

第一个盲人摸到的是大象的耳朵，他说：“大象像一把很大的扇子。”第二个盲人摸到的是大象的尾巴，他说：“大象像一根弯弯的绳子。”第三个摸到的是大象的腿，说：“大

象像根粗粗的大柱子。”第四个摸到的是大象的身子，说：“大象像一堵厚厚的墙。”……他们各说各的看法。

商人赶着大象已经走远了，几个盲人还在争吵不休，都说自己摸到的才是真正的大象的样子。其实，他们谁也没有说对，都只是凭着自己摸到的大象的一部分就乱下结论而已。

【毛遂自荐】máo suì zì jiàn

〈释义〉比喻自己推荐自己。

〈造句〉小明毛遂自荐当班长。

成语故事

毛遂自荐

战国时，赵国的都城邯郸被秦军围困。赵王派平原君出使楚国，请求楚国出兵，共同抗秦。平原君要挑出二十个有勇有谋的门客与之前往，可是只挑出十九人后就再也挑不出合适的了。

这时，有个叫毛遂的门客自告奋勇要求跟平原君前往楚国。平原君说：“有才能的人就像放在口袋里的锥子一样，很快就会显露出来。但是你在我的门下待了这么久，也没听人说起过你，可见你才能一般。这次任务关系重大，我看你还是留在家里吧。”毛遂却说：“如果您早一点注意我，恐怕我早已像放入口袋的锥子一样锋芒毕露了。现在就请您把我放入口袋吧。”平原君觉得毛遂说得很有道理，就带他一起去了楚国。

不料，楚王不想联合抗秦，平原君也没了办法。毛遂见劝说楚王不成，突然手拿宝剑逼近楚王，上前向他分析了赵楚联合抗秦的好处，楚王最终被毛遂的威严和胆略镇服了，答应出兵同赵国联合抗秦。

【孟母三迁】 mèng mǔ sān qiān

〈释义〉迁：搬（bān）家。孟子的母亲为让孟子有一个良好的环境，以利于教育他而三次搬家。说明教育子女要注意环境的影响。

〈造句〉这些家长到城市买房租房，就是为了孩子能上好学校，真是现代的孟母三迁。

成语故事

孟母三迁

孟子是儒家学说的继承者，被后人尊为亚圣。

孟子小时候家里很穷，住

在墓地附近。时间久了，就学会了很多祭奠的动作，每天玩的都是学哭的样子。孟子的母亲知道这样下去，孟子将来不会有什么出息，于是就搬到集市旁边住了下来。

没过多久，孟子的母亲发现孟子又跟着学起了模仿商人做生意的样子。孟母一想，这个地方也不行，于是又把家搬到一个学堂的旁边。

学堂里琅琅的读书声引起了孟子极大的兴趣，从此他就跟着念书，他不但学到了很多知识，而且还变得很有礼貌。孟母很高兴，便在这个地方安定下来。

【名落孙山】míng luò sūn shān

〈释义〉名：名字，名次。孙山：人名。名字落在孙山的后面。指应考不中或选拔时没有被录取。

〈造句〉今年高考，哥哥仅以三分之差名落孙山。

〈用法〉多用于升学考试落选。

成语故事

名落孙山

宋朝时，有个才子名叫孙山。因为他说话幽默，所以大家都叫他“滑稽才子”。

有一年，孙山和同乡一位老人的儿子一同进京参加科举考试。发榜时，孙山中了末名举人（也就是榜上的最后一名）。而那位同乡的儿子却没有考上，但他还想在京城多呆几天。孙山只好自己先回家乡。乡亲们都来向他祝贺，那位老人不见儿子回来，便向孙山打听他儿子是否中举。

孙山不好意思直说，便婉转地念了两句诗：“解名尽处是孙山，贤郎更在孙山外。”意思是榜上举人的最后一名是我孙山，你儿子的大名还在我

孙山的后面呢，自然是落选了。老人一听才子孙山都考最后一名，那他儿子榜上无名就很自然了，于是便平心静气地走了。

【磨杵成针】mó chǔ chéng zhēn

〈释义〉杵：一头粗一头细的圆木棒。用来捣(dǎo)粮去壳或捶(chuí)洗衣服。把铁棒磨成针。比喻人只要有毅力，肯下功夫，再难的事也能办成。也说“只要功夫深，铁杵磨成针”。

〈造句〉在学习上，只要有磨杵成针、持之以恒的毅力，一定会学有所成。

成语故事

磨杵成针

唐代大诗人李白小的时候非常聪明，但也很贪玩，不能安心读书，常常放下书本出去玩。

有一天，李白读了一会儿书，就又溜到外面去玩儿。在一条小河边，他看见一位老婆婆正在不停地磨一根铁棒。李白很纳闷，便问道：“老婆婆您为什么磨这铁棒呀？”老婆婆说：“我要把它磨成绣花针！”李白听了很吃惊，忙问道：“啊，这铁棒这么粗，您要把它磨成绣花针，什么时候才能磨成呀？”老婆婆笑了笑说：“现在这铁棒已经比以前细了不少，我这样不停地磨下去，这铁棒就会越来越细。只要功夫深，铁棒也能磨成绣花针。”

李白深受启发，他牢记“只要功夫深，铁棒磨成针”的教导，从此勤奋读书，后来终于成为著名的大诗人。

【南辕北辙】nán yuán běi zhé

〈释义〉辕：车辕子，车前驾牲口的两根长木。辙：车辙，车轮轧（yà）过的痕迹。本来要往南去，车子却往北行。比喻行动和目的相反。

〈造句〉你用这种粗暴的方式管教孩子，很可能会南辕北辙，适得其反。

成语故事

南辕北辙

战国时，有个人坐马车去楚国。

他的朋友看见了，忙叫住他说：“楚国在南边，你怎么往北走啊？”他说：“没关系，我的马跑得快。”朋友说：“马跑得越快，离楚国不是越远吗？”他说：“没关系，我的车夫最会赶车了。”朋友摇摇头

说：“那你哪一天能到楚国呀！”他说：“没关系，我带的路费多。”

这个人太糊涂了，楚国在南边，他硬要往北走，他的马跑得越快，车夫越会赶车，带的路费越多，他离楚国就越远。

【呕心沥血】ǒu xīn lì xuè

〈释义〉呕：吐。沥：滴。心吐出来，血滴下来。形容不怕劳苦，费（fèi）尽心血。

〈造句〉为了挣钱供子女上学，父母呕心沥血也无怨无悔。

成语故事

呕心沥血

唐代诗人李贺从小聪明过人，七岁就能写诗，十多岁时在文坛上已很有名气了。

相传，李贺非常注重从生活中获取写作素材。他每次出门时，都让他的小书童背上一个袋子。他一边走路，一边思考，把看到的或想到的好的诗句马上写下来，放进袋子里。有时候一句好的诗句也写不出来，袋子瘪瘪的；有时候收获不少，回到家时，袋子都被填满了。他一回到家，就把攒下的诗句重新整理、提炼。他母亲如果看到书袋满满的，就非常心疼地对他说："孩子，难道你要把心都呕出来，才肯罢休呀！"

李贺如此刻苦作诗，使他的身体变得越来越差，二十七岁时便去世了，但他却留下了很多有名的诗句。

【披荆斩棘】pī jīng zhǎn jí

〈释义〉披：拨开，分开。斩：砍断。荆、棘：泛指丛生多刺的灌木，比喻困难和障碍。比喻扫除前进道路中的障碍或克服创业过程中的艰难困苦。

〈造句〉他们在深山老林中，披荆斩棘，开辟出了一条上山的小路。

〈用法〉常用于形容创业的艰难。

成语故事

披荆斩棘

东汉王朝的开国皇帝光武帝刘秀，起兵初期兵马很少，生活条件也非常差，因此一些受不了苦的人纷纷离开了他。但主簿冯异却毫不动摇，一直跟随在刘秀左右。

有一次，刘秀率军经过河北饶阴的芜蒌亭时，由于天降大雪，士兵们饥寒交迫，都支撑不住了。冯异想法煮了一大锅粥给大家吃，为大家消除了饥寒。还有一次，当大军来到南宫县时，遭遇大风雨，将士们被淋得像落汤鸡，冻得直打哆嗦。就在众人难以忍受的时候，冯异不但设法生起一堆火为大家驱寒，还煮麦饭给大家吃。

公元 25 年，刘秀登基做了皇帝，派冯异平定关中，冯异又非常出色地完成了任务。这时，有一些小人上书劝刘秀提防冯异。刘秀不仅不信，还把上书给冯异看。

公元 30 年，冯异朝见光武帝时，刘秀向众大臣说："冯异是我起兵时的主簿，曾为我在创业的道路上劈开了丛生的荆棘，扫除了重重的障碍，又为我平定了关中，是我朝的开国功臣啊！"

【破釜沉舟】pò fǔ chén zhōu

〈释义〉釜：古代的一种锅。舟：船。打破锅，凿沉船，比喻不留退路，下定决心干到底。

〈造句〉他决定破釜沉舟，变卖了房子和家产，把钱全部投入新产品的开发。

成语故事

破釜沉舟

秦朝末年，秦国派兵攻打赵国。赵国在巨鹿(今河北平乡西南)被秦军重重包围。楚怀王任命宋义为上将军，项羽为副将，率领楚军火速去救援赵国。

但是，宋义把楚军带到安阳后就不再前进了，每天在那里饮酒作乐，一直停留了四十六天。项羽非常着急，再三要求他渡江北上，与赵军里应外合一举打败秦军。可宋义就是按兵不动。

项羽实在忍不下去了，便杀了宋义，将士们马上拥戴项羽为上将军。项羽立即派出两名将军，率两万人马渡河解救巨鹿。然后，他又亲自率领全军渡河救援赵国。

等全军上岸后，项羽采取了一系列果断的措施：把所有的船凿沉，把煮饭的锅都打破，只允许将士们带三天的干粮出发，表示要与秦军决一死战。

到了巨鹿，楚军英勇奋战，以一当十，一举打败了秦军。

【杞人忧天】qǐ rén yōu tiān

〈释义〉杞：古时国名。忧：担心，担忧。一个杞国人担心天要塌(tā)下来，整天愁得吃不下饭，睡不好觉。比喻没有根据的担心或不必要的忧虑。

〈造句〉事实证明，他的担心并不是杞人忧天。

成语故事

杞人忧天

从前，有个杞国人整天担心天会塌下来，地会陷下去。愁得他吃不下饭，睡不着觉。身体一天天地消瘦下去。

他的朋友知道后，都劝他说：“天是气体组成的，不会掉

下来；地是泥土岩石组成的，也不会陷下去，你不要自寻烦恼了。”可是无论朋友怎么劝说，他都听不进去。时间一年一年地过去了，天和地什么变化也没有。可是这个杞国人却仍然整天生活在忧虑之中。

后来，这个杞国人由于忧虑过度，终于病倒。据说，他在临死时还在担心天会塌下来呢。

【黔驴技穷】 qián lǘ jì qióng

〈释义〉黔：贵州省的别称。技：技能。穷：尽，完。贵州一带的驴本领用尽了。比喻仅有的一点儿本领已经用完。

〈造句〉这个被围困在山上的逃犯黔驴技穷，只得束手就擒(qín)。

成语故事

黔驴技穷

传说古时候，贵州一带没有毛驴，有人用船从外地运来

一头，把它放在了山下。

一天，老虎下山觅食，碰巧看见了这头毛驴。老虎从来没有见过驴，突然看到这么一个庞然大物，心里非常害怕，吓得只敢躲在树丛中偷看。它看见毛驴没什么动静，于是走出来慢慢地靠近它。毛驴突然叫了一声，宏亮的声音响彻山谷。老虎以为毛驴发怒了，吓得掉头就跑。跑了一会儿，发现毛驴没有追来，它就又跑回来慢慢地靠近毛驴，并不断地挑逗它，戏弄它。

毛驴终于被激怒了，扬起蹄子，猛地踢向老虎……

老虎终于弄清了这头驴的本领不过如此！于是，老虎怒吼一声，向毛驴猛扑过去，饱餐了一顿肥美的驴肉。

【请君入瓮】qǐng jūn rù wèng

〈释义〉瓮：大坛子。请你到瓮里去。比喻用某人整治别人的办法来整治他自己。

〈造句〉对这伙无法无天的地痞（pǐ），不妨来个请君入瓮，好好整治一下。

成语故事

请君入瓮

唐朝时期的女皇武则天，为了维护自己的统治，她不惜花费重金，奖励告密的人。因此，武则天手下的一些酷吏们便想方设法诬陷自己的政敌，并不断改进刑具，对犯人进行

严刑逼供。其中，大臣周兴和来俊臣是最臭名昭著的酷吏。

一次，有人向武则天密告周兴谋反。武则天便派来俊臣审问周兴。

当天晚上，来俊臣就请周兴到家中饮酒。来俊臣装作闲谈的样子问周兴：“周兄，如果犯人死不认罪，你看用什么方法能叫他开口呢？”周兴不假思索地说：“这太容易啦！你只要拿一口大瓮来，在它四周点燃木炭，把瓮烧热了叫犯人进去，还怕他不老实交待吗？”来俊臣听了，连声叫好，并吩咐手下抬来大瓮，点上大

火。瓮渐渐烧红了，这时来俊臣拿出圣旨，把脸一沉对周兴说：“有人告你谋反，皇上命我来审你，现在请你入瓮吧！”周兴听了吓得魂飞魄散，立即跪倒在地，知道自己无法狡辩，只好认罪。

【孺子可教】rú zǐ kě jiào

〈释义〉孺：小孩子。年轻人有出息，值得培养。

〈造句〉他刚刚七岁就在这次钢琴大赛中一举夺冠，真是孺子可教。

成语故事

孺子可教

有一天，年轻的张良在下邳附近的圯水桥上散步。这时，一位老人走过来，他故意把一只鞋子掉到桥下，然后大声对张良说：“喂！替我把鞋子捡上来！”

张良听了，心里很不痛快，但见老人年纪大了，便下桥将鞋捡了上来。可老人又对他说："来！给我穿上！"张良二话没说，替老人穿好了鞋。可老人站起身，连句感谢的话也没说就走了。一会儿，老人又返身回来了，说："你这小伙子很有出息，值得我教导。五天后的早上，请到桥上来见我。"

后来，老人给了张良一本《太公兵法》，张良经过认真研读，学到了很多带兵打仗的计谋，成了汉高祖刘邦手下的重要谋士。

【入木三分】rù mù sān fēn

〈释义〉指字迹透入木板三分深。原指王羲（xī）之笔力强劲。现比喻写文章或分析问题十分深刻。

〈造句〉作者把小说中的人物刻画得入木三分，淋（lín）漓（lí）尽致。

成语故事

入木三分

王羲之是我国晋代著名的书法家。

王羲之的字之所以写得好，主要在于他的刻苦练习。为了练好字，他在休息或走路时，心里还总想着字体的结构，揣摩着字的气势，而且不停地用手指头在衣襟上比划着，时间长了，身上的衣服都被划破了。

他勤于练笔。每天练完字后，他就在一个池塘里洗涤笔砚。时间久了，整个池塘的水都变黑了。

有一次，当时的皇帝要到北郊祭祀，让王羲之在一块木板上写上祝辞，再派工人雕刻。雕刻的工人在雕刻时惊奇地发现，王羲之的字笔力道劲，已渗入木板三分多。他禁不住赞叹道："王羲之的字，真是入木三分啊！"

【塞翁失马】sài wēng shī mǎ

〈释义〉塞：边塞。翁：老人。边塞上一个老人丢了一匹马，后来这匹马不但跑回来，而且还带回来一匹好马。比喻虽然暂时受到损失，却可能因此得好处。也指坏事有时会变成好事。

〈造句〉这事你别太着急，塞翁失马，焉知非福，不一定就是坏事。

〈用法〉常与"焉(yān)知非福"连用。

成语故事

塞翁失马

从前，在偏远的北方边塞住着一位老人家，人们叫他塞翁。一天，他家的一匹马跑丢了，怎么找也找不到。邻居们知道后，都来安慰他，劝他不要太着急。可是塞翁却毫不在乎地说："丢了一匹马，没准是件好事呢。"大家听了都对此很难理解。

不久，发生了一件令人惊奇的事：丢失的马居然回来了，还带回来了一匹骏马，邻居们知道了都来向他道贺。

可是，塞翁却一点儿也不高兴，还忧虑地说：“白白得了一匹好马，这也许是件坏事。”大家听了又很奇怪。果然，塞翁的儿子有一次在骑那匹骏马游玩时，不慎从马背上跌下来，摔断了腿。邻居们又来安慰塞翁。不料塞翁又说：“摔断了腿，这未必是一件坏事啊！”

一年后，塞外有匈奴入侵，这个地区的青壮年都应征入伍去打仗，结果大多战死了。而塞翁的儿子因为脚跛没被召入军队，从而保全了性命。

【手不释卷】shǒu bù shì juàn

〈释义〉释：放下。卷：指书。手里的书总是舍不得放下。形容勤奋读书。

〈造句〉从小他就是个书迷，只要一读起书来就手不释卷。

〈用法〉多用于学习方面。

〈辨析〉见“爱不释手”。

成语故事

手不释卷

吕蒙是三国时期吴国的大将军。他小时候家境贫寒，没念过书。后来由于他作战勇猛，为吴国立下了许多战功，才当上了将军。当时，孙权劝吕蒙要多读些书。可吕蒙却认为读书是文人雅士的事。一个武将整天在外带兵打仗，只要勇猛就够了。孙权严肃地对他说：“汉朝的光武帝刘秀也是武将出身，但他却手不释卷。你现在身为大将军，不能只靠武功蛮力，也应该多读些书，注重策略才行。”吕蒙听了觉得很有道理，就虚心接受了孙权的建议，暗下决心，要认真读书。

此后，不管有多忙，吕蒙每天都要抽出一部分时间来读书。这样几年过去了，吕蒙利用征战的间隙读完了《史记》、《汉书》、《战国策》等许多书，学问长进很快。因此，他带兵打仗也更加出色了。

【熟能生巧】shú néng shēng qiǎo

〈释义〉熟：熟练。巧：技巧。熟练以后就能产生技巧或找到窍门。

〈造句〉什么技能都是熟能生巧，只要勤学苦练，没有不会的。

成语故事

熟能生巧

北宋时，有个叫陈尧咨的人，善于射箭，自以为没人能比得上他，因此十分骄傲。

有一次，他练习射箭，几乎箭箭都命中靶心，围观的人不由得拍手叫好。可是人群中有个卖油的老头却显出一副不以为然的样子。陈尧咨见了很不高兴。可这个老头却说，他的技法没什么了不起，只是手熟罢了。陈尧咨一听非常生气。

这时，老头儿不慌不忙地取出一个油葫芦放在地上，在葫芦口上又放了一枚铜钱，舀了一勺油，然后将勺子高高举过头顶，开始往下倒油。只见

那油立刻变成一条细线，不偏不倚地从铜钱口倒入葫芦中。一勺油全部倒完，铜钱上居然没沾半点油。周围的人都连声叫好，老头儿却说："我也没什么特别的本领，只不过是熟能生巧罢了。"

【水滴石穿】shuǐ dī shí chuān

〈释义〉水不停地滴下来，石头也能被滴穿。比喻只要不断地努力，力量虽小也能完成看来很难办的事情。也说"滴水穿石"。

〈造句〉他以水滴石穿的精神刻苦自学，终于掌握了两门外语。

〈用法〉常与"绳锯木断"连用。

水滴石穿

宋朝时，崇阳县令张乖崖为官清正廉洁。

一天，他看见一个管钱库的小吏慌慌经张张地从钱库里溜出来，觉得很奇怪，就把这个小吏叫到跟前盘问，结果发现小吏在头巾里藏了一文钱。于是张乖崖下令把小吏带回大堂，命人狠狠地打了他

一顿。谁知这个小吏不但不知悔改，反而很不服气地说：“偷一文钱算得了什么，你难道还能判我死罪？”张乖崖一听大怒，马上提笔写下判词：“一天偷一文钱，千天偷千文钱，日子长了，绳子能锯断木头，水滴也会穿透石头。”写完，他毫不犹豫地斩了小吏。

【水中捞月】 shuǐ zhōng lāo yuè

〈释义〉捞：从水里取东西。到水中捞取月亮，比喻白费力气，做根本不可能做到的事。

〈造句〉他初中的知识还不怎么样，就要去考大学，结果必然是水中捞月一场空。

成语故事

水中捞月

从前，有一群调皮的小猴子在河边的大树上玩耍。不知不觉太阳落山了，一轮圆圆的月亮爬上了树梢。可是这群小猴子很贪玩儿，仍然是你追我赶，蹿上跳下……

它们玩得正高兴，忽然听到一只猴子大叫起来：“不好啦！不好啦！快看啊，月亮掉到水里啦！”大家闻听往河里一看，水中果然有一轮圆圆的月亮。猴子们这下可着急了，马上决定，赶快把月亮捞上来。

于是它们纷纷跳上河边的一棵大树，只见一只稍大一点儿的猴子先用尾巴牢牢地缠住树枝，倒挂在树上，接着它抓住第二只猴子的尾巴，第

二只又抓住第三只猴子的尾巴……终于够到"月亮"了，可手刚一碰到水面，"月亮"却不见了。猴子们觉得很奇怪，月亮跑到哪儿去了呢？

原来，月亮仍高高地挂在空中，水中的"月亮"不过是月亮映在水中的影子而已。

【投笔从戎】 tóu bǐ cóng róng

〈释义〉投：扔掉。从戎：参军。扔掉笔去参军。指文人放弃文字工作去参军。

〈造句〉抗战期间，许许多多的爱国青年，毅然投笔从戎，参加了抗日军队。

成语故事

投笔从戎

班超是东汉有名的将领，但他并不是从小就习武。班超年轻时，因为家境贫寒，不得不靠替官府抄写公文来谋生。但是他胸怀大志，对于天天干这种工作心里十分烦闷。

一天，班超抄得实在不耐烦了，把笔一扔，感叹说："大丈夫即使没有雄才大略，也应当仿效傅介子、张骞，到西域建功立业，怎么能总是在笔砚之间抄抄写写，耗费时间呢？"和他一起抄写的人都讥笑他，说他是异想天开。班超回答说："你们这些平庸的人怎么能理解壮士的志向呢？"

不久，班超便参加了军队。他作战非常勇猛，立下了许多战功，很快就被封了官。

后来，他又受汉明帝派遣多次出使西域。他凭借自己的智慧和英勇，克服重重困难，为汉朝同西域各国的交流做出了突出的贡献。

【推心置腹】 tuī xīn zhì fù

〈释义〉推：取出。置：放入。把自己的心取出来放到别人的肚子里。比喻真心诚意地待人。

〈造句〉好朋友之间要推心置腹，以诚相待。

成语故事

推心·置腹

西汉末年，王莽篡夺了汉朝政权以后，各地纷纷爆发了农民起义，其中声势最大的是绿林军，刘秀也率领部下加入了绿林军。

公元23年，王莽被杀，刘玄被立为帝。封刘秀为萧王。

刘秀能征善战，智能双全。他并不甘心让刘玄做皇帝。刘秀一边与反对刘玄的农民军作战，一边扩充自己的势力。公元24年，刘秀打败了铜马农民起久军，招降了几十万人，而且让铜马军的将领带领自己原来的部下，但这些将领还是担心将来刘秀会杀了他们。刘秀知道后，为了解除他们心中的疑虑，便只带了两个随从，到这些降将的军营中去巡查，以表明自己对降军的信任。这些投降的将士看到刘秀这么信任他们，都纷纷

说："萧王把自己的心都掏出来，放进我们的腹中，我们还有什么可担心的？难道还不该为他卖命吗？"就这样，刘秀稳定了军心，并且实力大增，为他后来自己称帝，建立东汉王朝奠定了基础。

【完璧归赵】wán bì guī zhào

〈释义〉璧：古代一种玉器，平圆形，中间有孔。赵：战国时的赵国。把完好的璧归还赵国。比喻将原物完好无损地归还原主。

〈造句〉请把你的书借给我看一天好吗？明天我一定完璧归赵。

成语故事

完璧归赵

战国时，秦昭王得知赵国有一块非常珍贵的和氏璧，便派人送信给赵王，说愿拿十五座城来换这块璧。

赵王担心秦王说话不算数，不愿把璧送去，可又怕秦王借口攻打赵国，于是派蔺相如带着和氏璧出使秦国。

蔺相如来到秦国后，把和氏璧交给了秦王。秦王拿到璧后只顾欣赏，却不提交换城池的事。蔺相如便以璧上有瑕疵，要指给秦王看为借口，拿回和氏璧，并怒斥秦王没有诚意。如果秦王强夺，他的脑袋就同和氏璧一起撞碎在柱子上；如果秦王诚心用城交换，就要斋戒五天，才能献璧。秦王无奈，只好假意答应下来。蔺相如看出，秦王还是无心交换，当晚，他趁秦王不注

意的时候，派人连夜将和氏璧送回了赵国。秦王知道后虽然非常恼怒，但是因为知道自己行事不够光明正大，怕传出去成为笑柄，所以只好放蔺相如回国了。

【玩物丧志】wán wù sàng zhì

〈释义〉玩物：玩赏（shǎng）所喜欢的东西。沉迷于所喜欢的事物，就会丧失志向。指迷恋于所喜欢的事物而丧失了进取心。

〈造句〉过度迷上电子游戏，就会玩物丧志。

成语故事

玩物丧志

周武王灭掉商朝后，建立了周朝。为了巩固自己的统治，周武王一面分封功臣，一面派使者出使各地，以宣扬他的文治武功，希望各国臣服于周朝。

于是，许多远方的小国和部族便派使者送贡物，以示臣服。其中有一个部落送来一只叫做獒的狗。这只狗很是凶猛，又很有灵性。武王非常喜欢，便重赏了使者，然后把狗留在宫中，每天逗它玩耍。

大臣召公知道这件事后，就写了一篇名叫《旅獒》的奏章，呈给周武王看。奏章的意思是：一个人如果沉湎于侮辱和捉弄别人，就会使自己丧失崇高的德行；如果沉湎于所喜爱的事物，就会使自己丧失积

极进取的志向。周王朝的建立很不容易，不能让它立刻灭亡啊！

周武王看后很是感动，觉得召公的话很有道理，就下令将贡物分别赏赐给各位功臣和各国的诸侯，自己则把全部的心思都用在治理国家上。

【望梅止渴】 wàng méi zhǐ kě

〈释义〉望：往远处看。远远看到酸梅就解了渴。比喻用空想来安慰自己。

〈造句〉在荒无人烟的沙漠中，口渴的人拿出空水瓶，也只能是望梅止渴而已。

成语故事

望梅止渴

曹操足智多谋，是三国时著名的政治家、军事家。一年夏天，天气炎热，他率领大军经过一个没有水的地方，将士们又热又渴，难受极了，一个个坐在地上，实在走不动了。曹操心里非常焦急，于是便派人分头各处去找水，过了一会儿，这些人都提着空桶回来了

根本找不到水，曹操心想，士兵们如果久留在这里，他们一定会坚持不下去的。突然他灵机一动，大声说道："有办法啦！"士兵们一个个从地上爬起来，兴奋地问道："什么办法？"曹操手指前方说："这条路我曾走过，前面不远处有一大片梅林，那里的梅子又酸又甜，可以用来解渴。"

士兵们一听说酸酸的梅

子，禁不住口水直流，顿时不觉得渴了。

曹操趁机命令部队加速前进，很快便来到了一个有水的地方。

【卧薪尝胆】wò xīn cháng dǎn

〈释义〉卧：睡。薪：柴草。胆：苦胆。睡在柴草上，尝着苦胆。比喻人刻苦自励（lì），发愤（fèn）图强。

〈造句〉虽然这次比赛失败了，但她表示要卧薪尝胆，发愤图强，争取下次夺冠。

成语故事

卧薪尝胆

春秋时期，吴王夫差率兵攻打越国，越王勾践战败被俘虏到吴国。在吴国，勾践和妻子受尽了折磨和羞辱。勾践每天为吴王夫差养马驾车。他的妻子也像仆人一样，每天清早便起身干活。

三年后，夫差认为对勾践实施的惩罚已经够了，觉得勾践的确甘心臣服了，便把他们释放回越国。

勾践回到越国后，发誓一定要报仇雪耻。为了锻炼自己的意志，他睡觉不盖被子，就躺在柴草中。然后他又在自己住的房中悬挂一个苦胆，每次吃饭前，都要尝尝苦胆，然后问自己："勾践！你忘记了你所受过的耻辱了吗？"以此时刻激励自己的复仇意志。

为了使越国强大起来，他不但亲自参加劳动，而且生活十分俭朴。这样，越国很快就强盛起来。几年后，勾践率兵打败了吴国。

【胸有成竹】xiōng yǒu chéng zhú
〈释义〉原指画竹子之前心里就有了竹子的完整形象。比喻做事情之前心中已有完整的谋划，有把握做成。
〈造句〉他胸有成竹地说："保证完成任务。"

成语故事

胸有成竹

北宋时期，有一位著名的画家叫文与可，他画的竹子栩栩如生，清秀逼真，深受人们的赞扬，因此得到"墨竹大师"的美称。

为了画好竹子，文与可在房屋周围种满了各种各样的竹子。无论春夏秋冬，刮风下雨，他每天都认真地观察竹子的枝叶在不同季节、不同天气中的生长变化情况。时间久了，竹子各式各样的形象自然而然地都熟记在心里。这样，他在画竹子之前，心中早已有了竹子的大概轮廓，画时就能挥洒自如。

文与可的好友晁补之十分欣赏他画的墨竹，他在一首诗中称赞道："与可画竹时，胸中有成竹。"

【悬梁刺股】xuán liáng cì gǔ

〈释义〉悬梁：用绳子系（jì）住头发，吊在屋梁上。刺股：拿锥（zhuī）子刺自己的大腿。形容勤奋苦读。

〈造句〉要想取得好成绩，就要有古人那种悬梁刺股刻苦读书的精神。

成语故事

悬梁刺股

汉朝时的孙敬是一个十分好学的人，他从小就勤学苦读，把一天中的大部分时间都用在读书上，往往到了深夜，十分困倦时还不肯休息。为了让自己专心读书，还想出了一个绝妙的办法：他找到绳子，将头发悬系在房梁上。如果自己因为困了而打瞌睡，绳子就会拉疼头皮，使他立刻清醒，继续苦读。

战国时期的苏秦，少年时学习非常用功，他边读书边思考，每天学习到深夜。他还找来一把锥子放在身边，每当打瞌睡时，就用锥子猛刺一下自己的大腿，让疼痛驱除困意，然后振奋起精神，继续学习。

后来，人们把孙敬的“头悬梁”和苏秦的“锥刺股”这两个故事合在一起，便是“悬梁刺股”。

【雪中送炭】xuě zhōng sòng tàn

〈释义〉下雪天给人送炭取暖。比喻在别人困难或急需时给予及时的帮助。

〈造句〉灾后，我们收到了来自

全国各地小朋友们捐助的课本和学习用品，这真是雪中送炭啊！

成语故事

雪中送炭

宋太宗年轻的时候，曾经跟宋太祖一起打过天下，深知江山来得不易。因此，特别爱护百姓。

有一年的冬天，下了一场非常大的雪，天气变得十分寒冷，人们都躲在屋里避寒。宋太宗正在皇宫中休息，一边烤着火取暖，一边品尝着美味佳肴。这时他看到窗外飘着纷纷扬扬的大雪，忽然想起了那些可怜的穷人，他们吃不饱饭，穿不暖衣，正在大雪中挨饿受冻。于是宋太宗马上派人带上许多粮食和木炭，出了皇宫，来到穷苦的百姓家里，把粮食和木炭送到了那些穷人和孤苦伶仃、无依无靠的老人手里。这样一来，他们就能有米来做饭吃，有木炭来生火取暖了。

那些老百姓都非常感激皇上，都说皇上是“雪中送炭”。

【掩耳盗铃】 yǎn ěr dào líng

〈释义〉掩：捂住。盗：偷。捂住自己的耳朵去偷铃(líng)铛(dāng)。比喻自己欺骗自己。明明是掩盖不了的事情偏要设法去掩盖。也说“掩耳盗钟”。

〈造句〉上课时，小军将书立在桌子上，自己却在后面偷看课外书，这种掩耳盗铃的做法怎能瞒（mán）过老师的眼睛？

成语故事

掩耳盗铃

春秋时期，晋国有个叫范吉射的将军，他家的门口挂了一口漂亮的大钟。

一天，有个小偷看中了这口钟，想趁天黑把它偷偷地背走，可钟实在太重了，他根本背不动。这可怎么办呢？他灵机一动，想出了一个主意：先把钟砸碎，再一块一块地搬走。于是，他找来一把大铁锤，用力砸钟。刚砸了一下，大钟便发出“当”的一声巨响，吓了他一大跳，这个小偷赶紧捂住自己的耳朵，果然听不到声音了，他想这样别人也听不见钟声了。于是他一面捂住自己的耳朵，一面又用力去砸钟。结果，他刚砸了几下，就

被范将军的家人当场抓住了。小偷觉得很奇怪，心想我都把耳朵捂上了，别人怎么还能听见钟声呢？

【叶公好龙】yè gōng hào lóng

〈释义〉叶公：人名。好：喜欢。一个名叫叶公的人非常喜欢龙。比喻表面上喜欢某种事物，实际上并不真正喜爱它，甚至是害怕它。

〈造句〉她总说自己喜欢狗，其实是叶公好龙，每次见到狗比谁跑得都快。

〈用法〉含讽刺、批判意味。

成语故事

叶公好龙

春秋时期，有个楚国人沈诸梁，字子高，是叶地县尹，在当地很有名望，因此大家都叫他“叶公”。

叶公非常喜欢龙。他家的柱子上、屋梁上都刻着龙，墙壁上画着龙，就连他使用的桌椅碗筷上也画满了各种各样龙的图案。天上的真龙听说叶公如此喜欢龙非常高兴，就决定亲自来拜访，向叶公表示谢意。

一天，叶公正在家中午睡，忽然风雨大作，电闪雷鸣。梦中的叶公被惊醒了。他忙起来关窗户，没想到天龙从窗外探进头来，吓得叶公转身就跑。当他逃进客厅时，又看见一条硕大无比的龙尾巴横在面前。叶公吓得面如土色，晕倒在地。真龙见了，感到莫名其妙，只好扫兴地飞回天界去了。

【一字千金】yí zì qiān jīn

〈释义〉一个字价值千金。原指增减一个字，赏赐(cì)千金。比喻诗文或书法的价值极高。

〈造句〉晋代大书法家王羲(xī)之的字，可谓一字千金。

成语故事

一字千金

秦国丞相吕不韦养了三千多门客，其中有很多有才能的人。

为了提高自己的声望，张扬权势，吕不韦把这些文人组织起来，共同编写了一部巨著《吕氏春秋》。全书计十万多字，内容包罗万象，通贯古今。

书编成后，吕不韦下令把《吕氏春秋》和一千两黄金挂在城门上，并宣布："有谁能增加或减少一个字，奖赏黄金一千两。"

那时候，吕不韦位高权重，人们都不愿出面指出《吕氏春秋》的缺失。因此著作公布一个多月，观看的人成千上万，却始终没有一个人出来改动一字，领取千金之赏。于是，吕不韦下令集中人力抄录全文传送各地。他的名声因此远扬天下。

【一叶蔽目】yí yè bì mù

〈释义〉蔽：遮（zhē），挡。一片树叶遮住了眼睛。比喻被局部的或暂时的现象所迷惑，而看不到事物的全局或本质。也说"一叶障（zhàng）目"。

〈造句〉我们不能因为小刚犯过错误。就一叶蔽目将他所有的优点都一笔抹杀。

一叶蔽目

从前，有个书生因为家里很穷，所以整天想找一条发财的门路。他听人说，谁要是得到螳螂捕蝉时遮身的那片树叶，就可以隐身，别人就看不见他了。他信以为真，就整天到树林中去寻找。

有一天，他终于看见一只螳螂躲在一片树叶后面，正准备捕蝉呢！他欣喜若狂，慌忙去摘那片树叶，不料那片树叶掉在了地上，与其他树叶混在了一起，怎么也认不出来了。没办法，他只好将那堆树叶都带回家，然后一片一片地试，他用树叶遮住自己的眼睛，问他的妻子："你看得见我吗？"开始时，他的妻子总是回答："看得见！"后来被问得厌烦了，就随口回答说："看不见！"

于是，他高兴地拿着这片

树叶，到街上当面去拿人家的东西，结果被人抓住送到衙门去了。县官经过审问，弄清了事情的原委后，禁不住大笑说："你真是一叶蔽目，不见泰山啊！"

【鱼目混珠】yú mù hùn zhū

〈释义〉混：蒙混，冒充。拿鱼眼睛冒充珍珠。比喻以假乱真或以次充好。

〈造句〉一些不法商贩（fàn）为了牟（móu）取暴利，常常干些鱼目混珠的事情，坑害广大顾客。

成语故事

鱼目混珠

古时候，有个叫满意的人，他买到一颗珍珠，便把它珍藏起来。

他的邻居寿量也想得到一颗珍珠。有一天，寿量到集市上买菜，突然在地上发现了一颗鱼眼睛，他还以为是珍珠呢，高兴得赶紧捡起来，藏在怀里。回到家，他就把鱼眼睛珍藏起来，然后到外面到处张扬，说他也有一颗珍珠。邻居们听了都想看看，可寿量却从不拿给别人看。

后来，有个财主病了，医生说必须用珍珠研成的粉末来配药，才可以治愈，财主知道满意和寿量各有一颗珍珠，就想用高价购买。于是他们各自拿来了自己的珍珠和鱼眼。邻居们知道了，都好奇地围过来观看：只见满意的那颗光彩夺目，而寿量的那颗却黯淡无光。邻居们哄笑起来，讥讽寿量说：“你这是鱼目混珠啊！”

【愚公移山】yú gōng yí shān

〈释义〉愚公移走大山。比喻做事不怕困难，有坚定的信念和顽强的毅力。

〈造句〉只要我们发扬愚公移山的精神，就一定能战胜困难，取得成功。

成语故事

愚公移山

传说，古时候有位叫愚公的老人，已经九十岁了。在他家对面有两座大山，每次出门都要翻山越岭，非常不便。愚公下定决心要挖走这两座大山。于是他带领子孙每天不停地挖山，将挖出的土石运到大海边去。

一天，一个叫智叟的老头

嘲笑愚公说："你都这么大年纪了，在世上还能活几年，怎么可能挖掉这两座大山呢？"愚公听了笑着说："我死了还有儿子，儿子死了还有孙子，子子孙孙没有穷尽，而山又不会增高，怎么会挖不平呢？"智叟被问得无话可说。

后来，愚公的精神感动了天帝，天帝派大力神移走了这两座大山，实现了愚公的愿望。

【鹬蚌相争】 yù bàng xiāng zhēng

〈释义〉鹬去啄蚌的肉，却被蚌夹住了嘴。谁也不肯让步，最后都被一个渔翁捉住了。比喻双方相持不下而使第三者从中得利。也说"鹬蚌相争，渔翁得利"。

〈造句〉他们俩为了眼前的一点利益而互不相让，结果是鹬蚌相争，渔翁得利。

成语故事

鹬蚌相争

战国末年，七大诸侯国互相讨伐，战争连年不断。有一年，赵国准备攻打燕国，一个名叫苏代的说客去拜见赵惠王，劝他不要进攻燕国。他先给赵王讲了个寓言故事。

一天，一只河蚌张开两片硬壳，在河滩上晒太阳。一只鹬鸟见了立刻飞过来，把嘴伸

进蚌壳里去啄肉，河蚌赶紧合上硬壳，钳住鹬鸟的嘴不放。鹬鸟对河蚌说：“行！你就别松开，今天不下雨，明天不下雨，把你干死！”河蚌说：“好啊！我已经钳住你的嘴，你今天拔不出，明天拔不出，把你饿死！”

就这样，河蚌和鹬鸟在河滩上谁也不肯让步。这时刚好有一个渔翁路过这里，见它们缠在一起不能动弹，便毫不费力地捉住了它们。

讲完故事，苏代又说：“如果赵国去攻打燕国，燕国一定竭力抵抗，双方必然会长久相持不下。到时候强大的秦国就会像渔翁那样，坐收其利。”

赵王觉得苏代的话很有道理，便表示不再去攻打燕国了。

【凿壁偷光】 záo bì tōu guāng

〈释义〉在墙壁上凿开一个小洞，借邻居家的灯光读书。形容勤学苦读。也说“凿壁借光”。

〈造句〉我们不仅学习他好的方法，更要学习他凿壁偷光的刻苦精神。

成语故事

凿壁偷光

西汉时期的匡衡小时候很想读书，可是由于家里穷，没钱上学。他白天要跟着到地里干活，到了晚上，一有时

间他就特别想读书，可是家里却买不起灯油，所以总是不能如愿。

有一天晚上，匡衡突然看

到邻居家的墙缝中透过一线亮光。他灵机一动，就在墙壁上偷偷地凿了一个小洞，这样透过来的光线就多了。于是，他就借着透过来的光线读起书来。

从此，匡衡每天晚上都借着这点微弱的灯光读书，一直读到邻居家的灯熄灭了才肯睡觉。由于他坚持不懈地刻苦学习，后来终于成了一个大学问家。

【朝三暮四】 zhāo sān mù sì

〈释义〉朝：早晨。暮：傍晚。早上三个，晚上四个。原指玩弄手段蒙骗人。后用来比喻变化不定，反复无常。

〈造句〉如果你总是这样朝三暮四，那就什么也学不成。

成语故事

朝三暮四

战国时，宋国有个叫狙公的老人，他在家里养了一大群猴子。狙公跟猴子们相处得很融洽，日子久了，他们之间竟能讲话沟通。

狙公每天早上和晚上都分别给每只猴子四颗栗子。后来，狙公家里的经济不宽裕了，而猴子的数量越来越多，因此，他想把每天的栗子由八颗改为七颗。于是，他就和猴子们说："现在粮食不够了，以后你们吃栗子必须节约点儿，早上三颗，晚上四颗，你们觉得怎么样？"猴子们一听早上少了一颗很生气。狙公见状马上改口说："那我早上给你们四颗，晚上三颗，够吃了吧？”

猴子们听了，觉得早上的栗子已经由三颗变成了四颗，跟以前一样，都高兴地在地上翻滚起来。

【郑人买履】 zhèng rén mǎi lǚ

〈释义〉郑人：春秋时期郑国人。履：鞋。郑国人去买鞋，他只相信尺码，却不相信自己的脚。比喻脱离客观实际，只按教条办事。

〈造句〉你办事怎么这样教条，连自己也不相信，真是郑人买履。

成语故事

郑人买履

从前，郑国有个人想买一双鞋。他先量好自己脚的尺码，然后便急匆匆地到街上去买鞋。

他走了很远的路才来到大街上，可是当他看中了一双鞋子时，却发现那个量好的尺码忘在家里了。于是他赶紧跑回家去拿尺码。等他再气喘吁吁地赶回来时，街上的店铺早已经关门了，因此鞋也没买成。

有人问他：“你怎么不用自己的脚去试鞋子呢？”可他却说：“我宁愿相信自己量好的尺码，也不相信自己的脚。”

【指鹿为马】 zhǐ lù wéi mǎ

〈释义〉指着鹿说是马。比喻故意歪曲事实，颠（diān）倒（dǎo）黑白。

〈造句〉现在是法制社会，讲的

是真凭实据，怎么能容你指鹿为马，颠倒黑白。

成语故事

指鹿为马

秦始皇死后，奸臣赵高和丞相李斯合谋把胡亥（即秦二世）扶上了皇位。后来，赵高又害死了李斯，自己当上了丞相，独揽大权。但赵高并不满足，一心只想自己做皇上。为了摸清朝中大臣有多少人反对他，就想出一个办法。

一天，他把一只梅花鹿牵到朝上，说：“陛下，臣有一匹好马送给您。”秦二世笑着说：“丞相怎么了，这明明是鹿，你怎么说是马呢？”赵高说：“这就是马，不是鹿，不信你问问其他大臣。”赵高说完用威胁的眼光看着群臣。有的大臣不敢得罪赵高，违心地说是马；有的大臣不愿说假话，就说是鹿。

赵高把不服从自己的大臣记住，日后千方百计地加以迫害。后来那些说真话的正直的大臣全被他害死了。

【忠言逆耳】zhōng yán nì ěr

〈释义〉忠言：诚恳的话。逆耳：不顺耳。诚恳劝告的话，往往让人听起来不舒服。

〈造句〉虽然我的话你听起来很不舒服，但忠言逆耳，都是为了你好。

成语故事

忠言逆耳

公元前 207 年，刘邦攻占咸阳后，见皇宫里宝物无数，美女如云，他顿时感到前所未有的新奇和满足，便产生了要好好享乐的念头。

樊哙是刘邦的部下，他看出刘邦的心思，就问他："您是想做一个大富翁，还是要统治天下？"刘邦回答说："我当然是想统治天下啦。"樊哙说："秦宫里珍宝无数，美女众多，可这些都是导致秦朝灭亡的东西啊！现在天下还没有安定，根本不是您享乐的时候，您千万不能留在宫中。"刘邦不听，一心想住下来。

谋士张良知道后，对刘邦说："诚恳正直的劝告往往听起来不顺耳，但能帮您改正错误；味道苦涩的药不好喝，却能治病。樊哙的话合乎情理，希望您能采纳啊！"刘邦觉得很有道理，就听从了忠臣的劝告，马上离开了秦朝皇宫。

【专心致志】 zhuān xīn zhì zhì

〈释义〉致：集中。志：志趣。指做事一心一意，注意力高度集中。

〈造句〉下课了，小华仍在专心致志地看书。

成语故事

专心·致志

从前，有个人叫弈秋，他很会下棋。弈秋收了两个徒弟，并同时给他们上课。

一个学生听讲聚精会神，把心思全放在听课上，听得非常认真。而另一个学生则心不在焉地坐在那里，东张西望。他看见天上有几只大雁飞过，心想：我要是有一张弓就好了，射下一只，那该多好啊！但他一想到还在上课，就只好叹口气，又继续听老师讲解。

不一会儿，又有大雁飞过，他又开始浮想联翩了……

弈秋讲完课，让他们对下一局，看看学习效果如何。刚开局时，不专心听讲的那个学生还没显出什么不足来，但很快就渐渐显出了差距。专心听讲的那个学生从容布局、应战；不专心听讲的这个学生只能招架，不敢进攻，结果被轻而易举地战败了。

弈秋不由得感慨地说："下棋虽然只是一个小小的技艺，可是不专心学习它，同样学不好。"

【自相矛盾】 zì xiāng máo dùn

〈释义〉矛、盾：古代两种作用相反的武器。矛用于进攻，盾用于防守。比喻说话做事自相抵触或前后不一致。

〈造句〉他说的前后自相矛盾，不能相信。

成语故事

自相矛盾

很久以前，楚国有个商人到市场上去卖矛和盾，他举着盾向围观的人夸耀说："我的盾是世上最坚硬的，无论多锋利的矛也刺不穿它！"接着，他又拿起矛大声说："我的矛是世上最尖利的，无论多硬的盾，它都能刺穿！"他就这样一边大声地叫卖，一边舞动着手中的矛和盾。

这时，从围观的人群中走出来一个人，他拿起一支矛，又拿起了一面盾，问那个楚国人：“你刚才说，你的矛是最锋利的，可以刺穿任何坚硬的盾；你的盾是最坚硬的，无论什么矛都刺不穿它。那么用你的矛刺一下你的盾，结果会怎么样哪？”

围观的人听了都哈哈大笑起来。那个楚国人被问得无言以对，只好收拾起矛和盾，灰溜溜地走了。

成语填字格

将合适的字填入空格，使其横读组成成语。

（一）与（二）部分互为答案。

（一）

涉人体

1.

	不	转	睛
	闻	目	睹
	青	脸	肿
	干	舌	燥

2.

引	人	注	
肥	头	大	
嗤	之	以	
饭	来	张	

3.

	有	成	竹
	背	受	敌
	水	一	战
	缠	万	贯

4.

昂	首	挺	
推	心	置	
汗	流	浃	
虎	背	熊	

5.

	不	释	卷
	上	明	珠
	打	脚	踢
	踏	实	地

6.

爱	不	释	
了	如	指	
赤	手	空	
指	手	画	

7.

愁	眉	苦	
嘻	皮	笑	
死	皮	赖	
劈	头	盖	

8.

慈		善	目
愁		苦	脸
横		怒	目
挤		弄	眼

9.

	瞪	口	呆
	不	转	睛
	不	识	丁
	光	炯	炯

10.

引	人	注	
光	彩	夺	
琳	琅	满	
历	历	在	

11.

	花	缭	乱
火		金	睛
眉	开		笑
贼	眉	鼠	

12.

	闻	目	睹
	聪	目	明
	目	一	新
	熟	能	详

13.

肥	头	大	
交	头	接	
隔	墙	有	
忠	言	逆	

14.

	闻	目	睹
震		欲	聋
面	红		赤
交	头	接	

15.

	干	舌	燥
	若	悬	河
	是	心	非
	蜜	腹	剑

16.

张		结	舌
哑		无	言
异		同	声
脱		而	出

17.

饭	来	张	
良	药	苦	
赞	不	绝	
脍	炙	人	

18.

	干	舌	燥
张		结	舌
病	从		入
良	药	苦	

19.

	红	齿	白
	齿	相	依
	亡	齿	寒
	枪	舌	剑

20.

咬		切	齿
龇		咧	嘴
张		舞	爪
牙		学	语

21.

	不	在	焉
	慌	意	乱
	急	如	焚
	满	意	足

22.

粗		大	意
专		致	志
小		翼	翼
灰		丧	气

23.

苦	口	婆	
独	具	匠	
漫	不	经	
刻	骨	铭	

24.

卧	薪	尝	
提	心	吊	
明	目	张	
闻	风	丧	

25.

	不	释	卷
	舞	足	蹈
	忙	脚	乱
	足	无	措

26.

大		大	
毛		毛	
碍		碍	
蹑		蹑	

27.

大	打	出	
大	显	身	
得	心	应	
爱	不	释	

28.

	无	寸	铁
妙		回	春
心	灵		巧
得	心	应	

涉动物

29.

	目	寸	光
	头	马	面
	头	蛇	尾
	死	狐	悲

30.

胆	小	如	
目	无	全	
生	龙	活	
守	株	待	

31.

	飞	凤	舞
	蝎	心	肠
	不	停	蹄
	肠	小	路

32.

叶	公	好	
打	草	惊	
指	鹿	为	
顺	手	牵	

33.

	年	马	月
	飞	蛋	打
	急	跳	墙
	卑	狗	险

34.

杀	鸡	吓	
呆	若	木	
丧	家	之	
蠢	笨	如	

35.

	目	寸	光
老		过	街
贼	眉		眼
胆	小	如	

36.

	头	马	面
对		弹	琴
多	如		毛
目	无	全	

37.

	头	蛇	尾
	视	眈	眈
	口	拔	牙
	背	熊	腰

38.

骑		难	下
放		归	山
调		离	山
饿		扑	食

39.

藏	龙	卧	
生	龙	活	
敲	山	震	
如	狼	似	

40.

	口	逃	生
饿		扑	食
狼	吞		咽
如	狼	似	

41.

	潭		穴
	盘		踞
	争		斗
	腾		跃

42.

	飞	凤	舞
画		点	睛
笔	走		蛇
叶	公	好	

43.

	蝎	心	肠
画		添	足
杯	弓		影
打	草	惊	

44.

一		当	先
万		奔	腾
快		加	鞭
老		识	途

45.

兵	强		壮
兵	荒		乱
蛛	丝		迹
车	水		龙

46.

高	头	大	
指	鹿	为	
单	枪	匹	
千	军	万	

47.

	到	成	功
万		千	军
人	仰		翻
塞	翁	失	

48.

	肠	小	道
亡		补	牢
虎	入		群
顺	手	牵	

49.

	头	猴	脑
沐		而	冠
尖	嘴		腮
杀	鸡	吓	

50.

	毛	蒜	皮
	鸣	狗	盗
	飞	蛋	打
	犬	不	宁

51.

	飞	狗	跳
闻		起	舞
鹤	立		群
呆	若	木	

52.

釜	中	游	
漏	网	之	
缘	木	求	
浑	水	摸	

涉植物

53.

	好	月	圆
	红	柳	绿
	团	锦	簇
	枝	招	展

54.

锦	上	添	
遍	地	开	
雾	里	看	
走	马	观	

55.

绿		如	茵
斩		除	根
寸		不	生
寸		春	晖

56.

	长	莺	飞
绿		如	茵
风	吹		动
奇	花	异	

涉景物

57.

	暖	花	开
	光	明	媚
	意	盎	然
	色	满	园

58.

	风	化	雨
阳		白	雪
满	园		色
大	地	回	

59.

	卷	残	云
	和	日	丽
	雨	交	加
	调	雨	顺

60.

	过	天	晴
风		交	加
风	调		顺
狂	风	暴	

61.

	中	送	炭
风		交	加
冰	天		地
阳	春	白	

62.

	薄	西	山
烈		当	空
蒸	蒸		上
浓	阴	蔽	

63.

清	风	明	
镜	花	水	
众	星	捧	
水	中	捞	

64.

	明	星	稀
皓		千	里
花	好		圆
清	风	明	

65.

	罗	棋	布
披		戴	月
斗	转		移
寥	若	晨	

66.

	清	水	秀
漫		遍	野
湖	光		色
锦	绣	河	

67.

汪	洋	大	
百	川	归	
刀	山	火	
人	山	人	

68.

	阔	天	空
沧		桑	田
山	珍		味
汪	洋	大	

涉数字

69.

	心	一	意
	龙	戏	珠
	心	二	意
	面	八	方

70.

	颜	六	色
	神	无	主
	上	八	下
	仙	过	海

71.

	牛	一	毛
	全	十	美
	依	百	顺
	言	万	语

72.

	心		意
	模		样
	五		十
	朝		夕

73.

	干		净
	差		错
	清		楚
	穷		白

74.

	龙	戏	珠
接		连	三
一	干		净
说	一	不	

75.

	长	两	短
	言	两	语
	五	成	群
	头	六	臂

76.

	心	二	意
丢		落	四
入	木		分
举	一	反	

77.

朝		暮	
丢		落	
挑		拣	
低		下	

78.

	面	八	方
	平	八	稳
	通	八	达
	分	五	裂

79.

	湖		海
	颜		色
	花		门
	光		色

80.

	上		下
	长		短
	嘴		舌
	手		脚

81.

	全	十	美
三		而	立
五	光		色
一	五	一	

82.

	花	齐	放
	川	归	海
	步	穿	杨
	读	不	厌

83.

	姿		态
	方		计
	奇		怪
	锤		炼

84.

	山		万
	军		马
	言		语
	头		绪

85.

	变		化
	辛		苦
	差		别
	真		确

86.

	钧	一	发
成		上	万
一	日		里
气	象	万	

87.

	马	奔	腾
	物	复	苏
	象	更	新
	紫	千	红

88.

	紫	千	红
十		火	急
晴	空		里
成	千	上	

近义组合

89.

	边		际
	忧		虑
	影		踪
	依		靠

90.

	言		语
	由		在
	高		大
	吹		擂

91.

	摇		摆
	模		样
	风		浪
	吹		擂

92.

	知		觉
	慌		忙
	闻		问
	声		响

反义组合

93.

	高		厚
	寒		冻
	昏		暗
	罗		网

94.

	腔		调
	辕		辙
	来		往
	征		战

95.

	张		望
	奔		走
	倒		歪
	拉		扯

96.

	因		果
	思		想
	仰		合
	呼		拥

97.

	邻		舍
	思		想
	顾		盼
	辅		弼

98.

	人		己
	礼		兵
	来		到
	斩		奏

99.

	头		尾
	气		力
	惊		险
	备		患

100.

	街		巷
	材		用
	同		异
	惊		怪

（二）

涉人体

1.

目			
耳			
鼻			
口			

2.

			目
			耳
			鼻
			口

3.

胸			
腹			
背			
腰			

4.

			胸
			腹
			背
			腰

5.

手			
掌			
拳			
脚			

6.

			手
			掌
			拳
			脚

7.

			脸
			脸
			脸
			脸

8.

	眉		
	眉		
	眉		
	眉		

9.

目			
目			
目			
目			

10.

			目
			目
			目
			目

11.

眼			
	眼		
		眼	
			眼

12.

耳			
耳			
耳			
耳			

13.

			耳
			耳
			耳
			耳

14.

耳			
	耳		
		耳	
			耳

15.

口			
口			
口			
口			

16.

	口		
	口		
	口		
	口		

17.

			口
			口
			口
			口

18.

口			
	口		
		口	
			口

19.

唇			
唇			
唇			
唇			

20.

	牙		
	牙		
	牙		
	牙		

21.

心			
心			
心			
心			

22.

	心		
	心		
	心		
	心		

23.

			心
			心
			心
			心

24.

			胆
			胆
			胆
			胆

25.

手			
手			
手			
手			

26.

	手		脚
	手		脚
	手		脚
	手		脚

27.

			手
			手
			手
			手

28.

手			
	手		
		手	
			手

涉动物

29.

鼠			
牛			
虎			
兔			

30.

			鼠
			牛
			虎
			兔

31.

龙			
蛇			
马			
羊			

填字格

32.

			龙
			蛇
			马
			羊

33.

猴			
鸡			
狗			
猪			

34.

			猴
			鸡
			狗
			猪

35.

鼠			
	鼠		
		鼠	
			鼠

36.

牛			
	牛		
		牛	
			牛

37.

虎			
虎			
虎			
虎			

38.

	虎		
	虎		
	虎		
	虎		

39.

			虎
			虎
			虎
			虎

40.

虎			
	虎		
		虎	
			虎

41.

龙		虎	
龙		虎	
龙		虎	
龙		虎	

42.

龙			
	龙		
		龙	
			龙

43.

蛇			
	蛇		
		蛇	
			蛇

44.

	马		
	马		
	马		
	马		

45.

		马	
		马	
		马	
		马	

46.

			马
			马
			马
			马

47.

马			
	马		
		马	
			马

48.

羊			
	羊		
		羊	
			羊

49.

猴			
	猴		
		猴	
			猴

50.

鸡			
鸡			
鸡			
鸡			

51.

鸡			
	鸡		
		鸡	
			鸡

52.

			鱼
			鱼
			鱼
			鱼

涉植物

53.

花			
花			
花			
花			

54.

			花
			花
			花
			花

55.

	草		
	草		
	草		
	草		

56.

草			
	草		
		草	
			草

57.

春			
春			
春			
春			

58.

春			
	春		
		春	
			春

59.

风			
风			
风			
风			

60.

雨			
	雨		
		雨	
			雨

61.

雪			
	雪		
		雪	
			雪

62.

日			
	日		
		日	
			日

63.

			月
			月
			月
			月

64.

月			
	月		
		月	
			月

65.

星			
	星		
		星	
			星

66.

山			
	山		
		山	
			山

67.

			海
			海
			海
			海

68.

海			
	海		
		海	
			海

涉数字

69.

一			
二			
三			
四			

70.

五			
六			
七			
八			

71.

九			
十			
百			
千			

72.

一		一	
一		一	
一		一	
一		一	

73.

一		二	
一		二	
一		二	
一		二	

74.

二			
	二		
		二	
			二

75.

三			
三			
三			
三			

76.

三			
	三		
		三	
			三

77.

	三		四
	三		四
	三		四
	三		四

78.

四			
四			
四			
四			

79.

五		四	
五		六	
五		八	
五		十	

80.

七		八	
七		八	
七		八	
七		八	

81.

十			
	十		
		十	
			十

82.

百			
百			
百			
百			

83.

千		百	
千		百	
千		百	
千		百	

84.

千		万	
千		万	
千		万	
千		万	

85.

千		万	
千		万	
千		万	
千		万	

86.

千			
	千		
		千	
			千

87.

万			
万			
万			
万			

88.

万			
	万		
		万	
			万

近义组合

89.

无		无	
无		无	
无		无	
无		无	

90.

自		自	
自		自	
自		自	
自		自	

91.

大		大	
大		大	
大		大	
大		大	

92.

不		不	
不		不	
不		不	
不		不	

反义组合

93.

天		地	
天		地	
天		地	
天		地	

94.

南		北	
南		北	
南		北	
南		北	

95.

东		西	
东		西	
东		西	
东		西	

96.

前		后	
前		后	
前		后	
前		后	

97.

左		右	
左		右	
左		右	
左		右	

98.

先		后	
先		后	
先		后	
先		后	

99.

有		无	
有		无	
有		无	
有		无	

100.

大		小	
大		小	
大		小	
大		小	

词条首字音序索引

（右边页码为正文页码）

chun

chuo

ci

cu

cun

D

da

dai

dan

K

O

P

Q

索引

Z